Georg Löser

KRAFTORTE

anders erleben

»Die Natur spricht leise,

du musst nur sehr genau zuhören«

– Ralph Waldo Emerson -

GEORG LÖSER

KRAFTORTE

anders erleben

Durch ungewöhnliche Methoden und
mit Hilfe der Natur den inneren
Kraftort in Schwingung bringen

Bibliografische Information der Deutschen
Nationalbibliothek:
Die Deutsche Nationalbibliothek verzeichnet diese
Publikation in der Deutschen Nationalbibliografie;
detaillierte bibliografische Daten sind im Internet über
http://dnb.dnb.de abrufbar.

Verlag: BoD · Books on Demand GmbH,
Überseering 33, 22297 Hamburg, bod@bod.de
Druck: Libri Plureos GmbH,
Friedensallee 273, 22763 Hamburg

ISBN: 978-3-8192-6678-2

Inhaltsverzeichnis

Vorwort

Kraftorte

sind so individuell und besonders,

wie die Menschen, die sie aufsuchen.

Und so ein individueller und besonderer Mensch scheinst du ja zu sein, sonst würdest du dich nicht für dieses Thema interessieren. Ich wünsche dir viele spannende und kreative Erlebnisse mit dem Inhalt dieses Buches und den Begegnungen an schönen und energetischen Kraftplätzen. Nimm dir Zeit für dich und erlebe einen Kraftort nicht nur durch einen kurzen Besuch.

Es bringt wenig, wenn du eine so spannende Stätte aufsuchst, dich freust, dort etwas spürst oder fühlst, und dich nach kurzer Zeit wieder auf und davon machst. Du entfernst dich von fantastischen Erlebnissen und Chancen. Du verpasst Möglichkeiten und Erfahrungen, welche eventuell dein Leben verändern könnten.

Genieße, spüre und empfange die Energien, welche diese Plätze dir anbieten. Dieses Buch wird dir dafür sehr nützlich sein.

»Was ohne Ruhepausen geschieht,

ist nicht von Dauer«

- Ovid 43 v. Chr. - 17 n. Chr. -

Was ist eigentlich ein Kraftort?

Ein Kraftort ist ein Ort an dem man sich wohl fühlt, ein Ort wo man etwas erfahren kann, ein Ort der über Einem hinausgeht.

Diesen Plätzen wird meist eine positive psychische Wirkung im Sinne einer Beruhigung, Stärkung oder Bewusstseinserweiterung zugeschrieben.

Als Kraftort werden oft Plätze bezeichnet, die schon von unseren Vorfahren als rituelle Stätte benutzt wurden. Oft sind das alte Kultstätten, religiöse Orte oder auch historische Klöster und Kirchen. Auch Grabstätten, Schlösser und Burgen, sowie uralte machtvolle Bäume, heilende Quellen, geheimnisvolle Höhlen, mystische und magische Seen, oder Berge ... alle diese Orte besitzen für uns eine energetische und kraftvolle Energie.

Kurz und einfach kann man sagen, Kraftorte haben eine eigene Ausstrahlung. Dies bemerkten schon Druiden und Schamanen. Sie nutzten diese Orte für Einweihungen und Rituale. Du hast sicher schon mal die besonderen Energien in und um Kirchen erfahren. Diese wurden absichtlich auf besonders starke Kraftorte gebaut. Viele Kirchen, Dome oder Kapellen sind von eingeweihten Baumeistern an genau diesen Stellen errichtet worden. Jemand der in einer dieser

Bauwerke ein Gebet sprach, oder eine Meditation durchführte, empfing diese Energien sehr stark.

Es gibt vier Arten von natürlichen Kraftorten:

Wasser: Seen und Quellen

Erde: Steine, Höhlen und Felsformationen

Luft: Hügel, Grate (Gebirge) und Gipfel

Feuer: Alte markante Bäume, Wälder

Überall in Deutschland gibt es Orte mit Energiefeldern, die auch als spirituell bezeichnet werden. Sie können Negatives von dir wegnehmen und Positives freisetzen.

Kraftorte sind überall zu finden. Es sind ganz einfach Orte, an denen du dich rundherum wohlfühlst.

Du kennst sicher das Gefühl, du bist an einem bestimmten Platz und irgendwie löst dieser Ort eine besonders starke Emotion auf dich aus. Es kann ein schönes, wohltuendes Gefühl wie Freude, Harmonie oder einfach nur eine tiefe Entspannung sein. Es kann auch ein sehr starkes Gefühl der Verbundenheit mit der Natur sein. Der Alltag oder Dinge die uns vermeintlich wichtig erscheinen, treten plötzlich in den Hintergrund. Du empfindest die Schönheit der Natur und spürst Ehrfurcht, Respekt und Staunen. Du empfängst dieses Gefühl mit deiner Seele und dem Herzen.

Die Welt in unserer heutigen Zeit befindet sich in einem starken Umbruch. Man hat das Gefühl, dass das Materielle, die sozialen Medien, die wachsende Digitalisierung uns immer mehr Luft wegnimmt. Menschlichkeit rückt in den Hintergrund. Der Mensch steht der Gewinnmaximierung der Firmen oft im Wege. Werden Mitarbeiter entlassen, steigen die Aktien. Umso wichtiger sind innere Ruhe, Kraft und Hoffnung. Kraftorte geben dir Möglichkeiten (eines meiner Lieblingswörter), den Herausforderungen in deinem Alltag neu zu begegnen, eine andere Sicht auf deine Probleme zu finden und neue Wege zu gehen.

Nimm die Welt und die Energien der Kraftorte wahr. Nicht nur für ein paar Minuten. Ich mache mir immer wieder Gedanken über Menschen, die jedem erzählen, dass sie an so einem tollen Ort waren. Sie berichten ganz stolz, dass sie die Energie gespürt haben. Doch nach ein paar Minuten hetzen sie zur nächsten Sehenswürdigkeit. Was haben sie also von dem Kraftort mitgenommen?

Genau deshalb habe ich dieses Buch geschrieben. Verweilst du länger an einem Kraftort, wirst du bemerken, wie du wieder in Einklang mit deinen Kräften kommst, wie deine inneren Ressourcen aktiviert werden. Du erfährst wie sich Frieden in dir einstellt und lernst dich neu kennen.

Um dir Möglichkeiten für diese Erfahrung anzubieten, habe ich einige Methoden für dich ausgesucht, einem Kraftort und dir selbst neu zu begegnen.

Einige dieser Methoden kannst du natürlich auch an anderen Orten nutzen – doch entfalten sie an Kraftorten eine ganz spezielle Energie und Wirkung.

Grundsätzliches...

für deinen Besuch an einem Kraftort

Wie ich ja schon geschrieben habe, ist es nicht von Vorteil, wenn du für so ein Vorhaben wenig Zeit einplanst. Also nicht nur *mal dagewesen sein,* um hinterher zu sagen: »*....ach wie toll, ich habe ja echt was gespürt«.*

Nimm dir also Zeit. Du hast es verdient, dass du dir so ein schönes Erlebnis gönnst.

Genieße schon die Fahrt und den Weg dorthin. Wenn du angekommen bist, schau dich einfach nur so mal um. Freue dich über Pflanzen, Bäume, Wasser, Tiere, Gebäude, u.a. Mache dir noch keine Gedanken über den Ort oder über die Dinge, welche dich beschäftigen. Setze oder lege dich auf den Boden und warte einfach ab.

Wenn du bemerkst, dass Druck, Stress, sowie normale Alltagsthemen sich langsam von dir verabschieden wollen, lass diese Energien einfach gehen. Vielleicht fließen sie in die Erde, oder den Fluss entlang, oder sie steigen in den Himmel. Erzwinge nichts. Je lockerer, oder sogar humorvoller du das machst, umso schöner wird das Gefühl sein, immer leichter zu werden. Ich lasse Gedanken, die mir hinderlich sein könnten, einfach los mit den Worten: ...*und Servus.*

Probiere es einfach mal. Oft sind wir der Meinung, es müsse alles kompliziert sein. Wir denken, je mehr Konzentration wir hineingeben, desto tiefer und spiritueller können wir an die Themen gelangen. Kann man machen – muss man nicht!

Es ist viel einfacher, negative Energie in der Natur zu verabschieden mit einem *Servus*, oder *Tschüss*, als mit langen Sprüchen. Manchmal nutze ich dennoch ein kleines Ritual. Ich verbanne alle Sorgen und Probleme in einen imaginären Tennisball, hole mir einen gedachten Baseballschläger und schlage den Ball mit voller Wucht Richtung Sonne. Dort sehe ich, wie er durch die Strahlen verpufft. Aber auch hier mache ich mir oft den Spaß und rufe mal laut, mal leise *...und Servus*.

Wenn du losgelassen hast, darfst du dich auf das Ankommen freuen. Einfach da sein. Woran du merkst, dass du dich eingefunden hast? Das sagt dir dein Kopf. Hier darf der Spruch: *Du hast ja nichts im Kopf* Wirklichkeit werden. Du bist angekommen, wenn sich eine Leere in dir einstellt. Du hörst die Geräusche der Bäume, der Vögel, vielleicht den Fluss, alles andere um dich herum tritt in den Hintergrund.

Soweit haben das auch schon einige Leute erreicht. Doch oft holen sie sich gleich wieder raus mit der Annahme: *Wow, ich war völlig entspannt*. Mach das nicht. Bleibe in der wundervollen Energie, die dieser Platz dir schenkt. Bleibe lange dort, dann wirst du merken, dass du mit diesem Ort langsam *eins* wirst. Jetzt kannst du mit einer von dir ausgesuchten Methode beginnen. Sollte die Übung mehrere Fragen haben, so lasse dir zwischen den Antworten genügend Zeit. Meist stellen sich zuerst die Antworten ein, die du sowieso kennst. Du kannst sicher sein, dass noch Einiges nach *oben* will, was es bisher nicht durfte. Schreibe deine Antworten in das Buch und danach gehst du zur nächsten Aufgabe.

Dies gilt für alle Übungen, Themen oder Rituale.

Natürlich kannst du die Übungen mit den Aufgaben gleich komplett durchlesen, um herauszufinden, welche dich ansprechen. Dann gehe aber Schritt für Schritt vor. Auf keinen Fall empfehle ich dir, gleich mehrere Übungen durchzuführen. Nach dem Motto: *..wenn ich schon mal da bin..* Dies würde dich verwirren und so verrückt es sich lesen mag, es wird dir Kraft rauben. Ist ja wohl nicht dein Thema, oder?Ich habe das Buch so aufgebaut, dass du für bestimmte Übungen die Antworten oder Gedanken hier eintragen kannst. Nutze es! Was glaubst du, wie spannend es ist, wenn du mit diesem Buch wieder einmal eine besondere Stätte besuchst und deine Notizen dazu liest.

Dann ist da natürlich noch die Frage, gehst du alleine, mit Partner, Partnerin, Freund, Freundin oder in einer Gruppe? Alle Möglichkeiten haben ihren Reiz, doch empfehle ich dir, auf alle Fälle allein zu gehen, wenn du nur für dich sein möchtest. Es gibt so vieles, was man gemeinsam durchführen kann. Erlebe doch einmal, wie es sich anfühlt, so einen Ausflug nur mit dir selbst zu erleben.

Du findest hier aber auch Rituale und Übungen mit dem Partner, der Partnerin oder für eine Gruppe.

»Ich werde still, drehe die Sanduhr um

und erlebe die Zeit«

- Andreas Gryphius -

Begegnung mit deinem Kraftort

Du möchtest diesen besonderen Ort erst einmal kennenlernen? Du willst einfach nur mal die Energie dieser Stätte aufnehmen? Dann wünsche ich dir viel Spaß mit dieser kleinen Zeremonie:

Versetze dich auf deine Art und Weise in einen leichten Zustand der Tiefenentspannung. Am Ende der Trance-Einleitung stehst du in der Mitte deines Ortes, oder wenn dies nicht möglich ist, stell dich imaginär, in Gedanken dorthin.

Lasse dir Zeit, deinen inneren Ort der Kraft mit allen Sinnen wahrzunehmen. Empfange was du siehst, hörst, schmeckst und riechst. Spüre den Boden unter deinen Füßen und schaue in den Himmel. Sieh in alle Richtungen. Blicke nach Osten und nimm wahr, was du hörst, spürst, schmeckst und riechst. Dann wende dich nach Süden, Westen und schließlich nach Norden.

Genieße deine Sinneseindrücke in allen Himmelsrichtungen und nimm deren Energien auf. Jetzt kannst du die Umgebung erkunden. Wie ist die Landschaft und wie wirkt sie auf dich? Sind Pflanzen, Tiere, Steine, Flüsse, Seen, Wälder, Berge, u.a. vorhanden? Wie wirken diese auf dich? Wie ist das Wetter? Welche Jahreszeit , welche Tageszeit?

Vielleicht zweigen Wege von deinem Kraftort ab. Jeder Weg führt zu einem Abenteuer. Möglicherweise führt ein Weg sogar zu einer Lösung oder einem hilfreichen Hinweis für dein Thema? Wenn du dieses Gefühl hast, dann verfolge den Weg in Gedanken dorthin.

Eventuell befindet sich dort ein Zeichen, eine Metapher, oder eine Anspielung für die Lösung deines Problems. Schau dich genau um. Nimm es an dich und begib dich wieder zur Mitte deines Kraftortes. Bedanke dich für diese wunderbare Natur, für die empfangenen Energien dieser Stätte. Verabschiede dich von dieser kurzen Reise und spüre wieder den festen Boden unter dir. Strecke dich und mache ein paar Schritte mit kleinen Dehnübungen.

Übungen / Rituale an Kraftorten

Übungen und Rituale an solchen Plätzen können durch verschiedene Faktoren eine positive Wirkung entfalten.

Der Kraftort selbst

Kraftorte sind Orte, an denen sich eine besondere Energie manifestiert, die für das Wohlbefinden und die Gesundheit förderlich ist.

Intention

Die persönliche Intention, die mit den Ritualen verbunden ist, kann die Wirkung noch verstärken. Wenn du mit einer bestimmten Frage oder einem bestimmten Thema an einen Kraftort kommst, kannst du viel tiefere Erfahrungen und Lösungen nutzen.

Meditation

Die Meditation kann helfen, die Energie des Kraftortes zu nutzen, um die innere Ruhe und Klarheit zu fördern.

Gebet

Das Gebet kann eine Verbindung zur spirituellen Ebene herstellen und das Gefühl von Verbundenheit und Dankbarkeit stärken.

Naturbegegnung

Das Wandern, Spazierengehen oder einfach das Sitzen in der Natur kann das Gefühl von Ruhe und Erholung fördern und die Verbindung zur Natur vertiefen.

Tagebuch führen

Das Schreiben in ein Tagebuch kann helfen, die persönlichen Erfahrungen und Erkenntnisse zu verarbeiten und die tiefergehende Wirkung des Kraftortes zu verstehen.

Rituelle Handlungen

Das Sammeln von Steinen, das Beschriften von Steinen oder das Aufstellen von bestimmten Gegenständen kann eine tiefe Verbindung zur Natur und zu sich selbst herstellen und die Wirkung des Kraftortes unterstützen.

Sonnenaufgangs- oder Sonnenuntergangsmeditation

Setze dich an einen ruhigen Ort in der Natur, z.B. am See, im Wald oder auf eine Wiese. Atme tief ein und aus, während du die Schönheit des Himmels beobachtest. Nutze diese Zeit, um Dankbarkeit zu empfinden oder deine Wünsche in die Welt zu schicken.

Naturmaterialien sammeln und energetisieren

Sammle Steine, Federn, Blätter oder Blumen. Jedes Material hat eine eigene Energie. Du kannst sie reinigen, indem du sie in Wasser tauchst oder sie in der Sonne auflädst, und sie dann als Kraftsymbole bei Meditationen oder Ritualen verwenden.

Licht- und Kerzenritual im Freien

An einem ruhigen Platz kannst du eine Kerze anzünden, um Licht und Wärme in die Natur zu bringen. Am besten an einem Platz an einem Gewässer (wegen der Waldbrandgefahr). Während du die Kerze beobachtest, kannst du deine Wünsche, Dankbarkeit oder Gebete formulieren.

Kreis der Verbundenheit

Stelle dich in einem Kreis mit Freunden oder alleine auf. Schließe die Augen, atme tief durch und visualisiere, wie du dich mit der Erde, dem Himmel und allem Lebendigen verbindest. Du kannst auch eine kleine Zeremonie abhalten, bei der jeder eine Kerze anzündet und einen Wunsch äußert.

Ritual des Loslassens

Schreibe auf ein Blatt Papier, was du loslassen möchtest – Ängste, negative Gedanken oder alte Lasten. Verbrenne das Papier (an einem sicheren Ort) im Freien, während du dir vorstellst, wie alles Negative mit dem Rauch davonzieht.

Naturspaziergang mit Achtsamkeit

Gehe langsam und bewusst durch die Natur, nimm alle Sinne wahr: das Rauschen der Blätter, den Duft der Blumen, die Berührung des Windes. Währenddessen kannst du innere Ruhe und Verbundenheit spüren.

Mondrituale

Nutze die Kraft des Mondes, um bestimmte Absichten zu setzen. Bei Vollmond kannst du zum Beispiel eine Zeremonie an deinem Kraftort durchführen, bei der du deine Wünsche für die kommende Zeit aufschreibst und im Mondlicht verankerst. Bei Neumond kannst du neue Ziele und Visionen manifestieren.

Wasserzeremonie

Besuche einen Fluss, See oder Bach. Stehe im Wasser, spüre die Bewegung und das Fließen. Du kannst das Wasser auch für Reinigungsrituale nutzen, indem du deine Hände darin wäschst oder kleine Wassersegenssprüche sprichst.

Natur-Tarot oder Orakel

Verwende Naturmaterialien wie Steine, Federn oder Blätter, um ein Orakel zu legen. Stelle eine Frage und interpretiere die Muster, um Einsichten zu gewinnen.

Starker Kraftort-Moment

Klarheit, Stärke, Gesundheit, Entspannung, Erholung, Hoffnung und Zuversicht, es gibt viele Gründe, wieso du die Energien von Kraftplätzen suchen solltest. Wenn du dich ohne große Erwartungen auf die Suche machst, wirst du die Energien und die Magie dieser Orte mit allen Sinnen spüren und aufnehmen.

Diese Rituale werden dich dabei unterstützen, deinen Besuch an einem Kraftort optimal zu erleben.

Der Weg ist das Ziel

Nutze schon den Gang zu deinem Kraftplatz, um dich langsam auf die Energie des Ortes einzustellen. Du wirst sehen: Mit jedem Schritt lässt du deinen Alltag weiter hinter dir. Wenn du länger gehst, werden deine Schritte sowieso automatisch langsamer. Die Pausen, in denen du dich umsiehst und deine Umwelt bewusst wahrnimmst, werden dafür länger und häufiger. Schau dich um, hetze nicht von einem Ort zum anderen. Hier findet kein Wettbewerb statt, den besten Kraftort zu finden, sondern den zu entdecken, der dir persönlich am meisten Energie gibt.

Fühle die Umwelt an deinem Kraftplatz

Wenn du an deinem Kraftplatz angekommen bist, aktiviere bewusst deine Sinne. Beobachte die Umwelt, atme ganz bewusst, hör sehr genau hin und fühle wie sich der Boden anfühlt. Folge auch deinem siebten Sinn der Intuition. Dein Bauchgefühl wird genau spüren, was dir jetzt, in diesem Moment gut tun wird. Öffne dein Herz und versuche, deinen Kraftort mit dem Herzen zu fühlen.

Vielleicht ist für dich ja ein Kraftort mit Wasser verbunden und du liebst das Element. Der Sprung ins kalte Becken braucht zwar Überwindung, doch danach spürst du ein wunderbares kribbeln im ganzen Körper, der dich wach und lebendig fühlen lässt, ein wunderschönes unbeschreibliches Gefühl.

Du musst ja nicht gleich rein springen. Schon die Füße auf die kalten Steine zu stellen oder ins kalte Wasser zu halten, wird eine energetische Verbindung schaffen.

Genieße die Kraft der

Meditation und des Atmens

Meditation, Visualisierung und Atmen gibt dir eine leichte Möglichkeit, eine Verbindung mit dem Kraftplatz herzustellen.

Diese Übung ist dabei sehr hilfreich:

> Mache es dir bequem und setz dich mit möglichst gerader Wirbelsäule auf den Boden

> Schiebe nichts weg, lass alles so wie es ist. Richte deine Konzentration auf das Atmen. Genieße volle, tiefe Atemzüge, die deinen ganzen Brustkorb öffnen und dein Herz öffnen. Es gibt jetzt nichts mehr außer dich selbst und deine Atmung. Du musst nichts weiter tun, als dich in dieses Gefühl hinein zu entspannen.

> Stell dir jetzt vor, wie deine Wirbelsäule immer länger wird und verankere dich in der Erde. Dein Geist darf jetzt langsam zur Ruhe kommen.

> Lass positive Bilder entstehen, welche den Effekt des Loslassens vertiefen werden. Auch wenn der Zustand der Gedankenleere nicht gleich eintritt, mach dir keinen Stress.

Wasche deine Ängste und Sorgen
durch eine rituelle Reinigung ab.

Wasser hat eine ganz besondere Kraft. Tauche deine Hände, dein Gesicht oder die Füße ins Wasser. Wasche symbolisch deinen Alltag, deinen Stress, negative Energien, Gedanken und Gefühle ab.

Spüre die reinigende und energetisierende Wirkung des Wassers. Sofort wirst du dich leichter, stärker und klarer fühlen.

Löse negative Energien in Rauch auf

Eines der ältesten Rituale der Welt ist das Räuchern. Kein Wunder, Rauch reinigt und beseitigt negative Energien. Zum Räuchern eignet sich sehr gut eine Tonschüssel mit einem Stück Holzkohle

> Zünde die Kohle an und warte bis sie nicht mehr qualmt, sonder glüht.

> Lege jetzt das Räuchermaterial drauf

> Hervorragend eignen sich Weihrauch, Lorbeer, Rosmarin, weißer Salbei zum Räuchern. Auch Harz passt sehr gut und ist fast an allen Kraftorten zu finden.

> Du kannst auch ein Kräuterbündel nutzen.

> Da die Energie am Kraftort das Räuchern und die Kraft der Zutaten verstärken kann, könntest du auch Kräuter und Harz mit nach Hause nehmen und dort das Ritual durchführen.

> Solltest du das Ritual im Wald durchführen, suche dir am besten einen Platz an einem Fluss oder See aus. (wegen der Waldbrandgefahr)

Gestalte ein natürliches Mandala

Die geometrischen wiederholenden Muster geben auf mystische Weise ein Gefühl von Sicherheit und Geborgenheit. Sie spiegeln den Zustand wider, den wir innerlich und unbewusst im Leben anstreben. Ein Mandala konzentriert die psychische Energie auf das Selbst und vermittelt zwischen gegensätzlichen psychischen Polen. Sogar der Psychotherapeut Carl Gustav Jung fühlte die heilende Energie der magischen Kreise und gestaltete mit Steinen, Blüten oder Blättern ein ganz persönliches Mandala.

Sich beim Kraftplatz bedanken

Eine Blume, ein besonders schönes Blatt, ein ganz spezieller geformter Kieselstein oder ein kleines Steinmännchen, öffnen das Herz und stellen eine Verbindung des Dankes zum Kraftplatz her.

Überreiche beim Verlassen dieses Ortes eine Gabe und bedanke dich mit einer Geste, mit Worten oder Gedanken für die neu gewonnenen Stärken und Energien.

Die Fünf-Minuten-Naturdusche

Suche dir irgendwo eine Grünfläche an deinem Kraftort oder mache einfach eine Wiese, einen Park oder einen Garten zu deinem Kraftplatz.

Gönne dir fünf Minuten und überrasche deine Energiefelder mit einer positiven Dusche. Ziehe deine Schuhe und Socken aus und gehe langsam Schritt für Schritt durch das Gras. Spürst du, wie es dich kitzelt?

Wie fühlt es sich für dich an, jetzt auf dieser Wiese barfuß zu laufen? Ist der Boden etwas nass oder noch kalt? Kannst du auch die feuchte oder trockene Erde spüren? Ist das Gras eher kurz und weich oder strohig?

Nun bleibe für einen Moment stehen. Stell dir vor, wie du dich mit dem Boden und der Natur verbindest. Nimm wahr, wie dir der Boden durch deine Fußsohlen neue Kraft gibt.

Fühle, wie neue Lebensenergien durch deine Beine immer höher in den Körper aufsteigen. Dein ganzer Körper wird langsam diese Energien in sich aufnehmen. Wenn du diese positive Energie am stärksten fühlst, sage dir innerlich:

»Ich fühle mich stark,

ausgeglichen und frei wie die Natur«

Eine Blume sein...

Stell dir vor, dein Kraftort verwandelt sich ganz plötzlich in einen paradiesischen Garten voller Blumen. Eine Blume, gleich vorn, zieht deine Aufmerksamkeit besonders an.

Geh in den Garten hinein und beuge dich zu dieser Blume. Nimm wahr, wie sie aussieht, welche Farbe sie hat, ob sie duftet und so fort.

Nun lädt die Blume dich ein, in sie *hineinzuschlüpfen* und selbst zu dieser Blume zu werden, ihr Wesen zu spüren und ihr Sein zu erleben.

Du nimmst nun die gesamte Pflanze wahr, wie sich die Wurzeln in der Erde verzweigen, wie die Blume Kraft aus der Erde schöpft, wie durch den Stiel die Lebenskraft der Blätter und Blüten hinaufsteigt, wie die Blüte Energie aus der Luft und von der Sonne aufnimmt, vom Regen und vom Wind....

Werde zu dieser Blume!

Genieße diese Energie solange du möchtest. Zieh dich dann, wenn du magst, behutsam aus der Blume zurück und bewahre die Erfahrungen aus dem Sein der Blume in dir. Öffne dich damit für eine Lebensform, die sich von der ihren zwar unterscheidet, aber dennoch aus der gleichen schöpferischen Kraft erwächst wie du selbst. Eine Blume fällt zum Beispiel keine Urteile...!

Verabschiede dich nun aus dem paradiesischen Garten und komme wieder zu deinem Kraftort zurück.

»Die Erde lacht in Blumen«

- Ralph Waldo Emerson -

Souvenir von

deinem Lieblingskraftort

Sicher hast du ein Smartphone dabei. Zur Erinnerung an den Ort, an dem du dich jetzt befindest, könntest du ein Foto machen. Genau von der Stelle, welche dich am meisten anspricht. Nimm es doch eine Weile als Hintergrundbild auf dem Handy. Schreibe darunter, was du an diesem Ort beschlossen hast.

»Die Erkenntnis der eigenen Kraft

macht bescheiden«

- Paul Cézanne -

Magischen Kreis einrichten

Einen geeigneten Platz findest du mit deiner Intuition. dort, wo du spürst, dass es geeignet ist. Er kann drinnen oder auch draußen sein, am frühen Morgen, zur Mittagszeit, wenn die Sonne ihren Höchststand hat, abends oder mitten in der Nacht. Der Kreis kann gebildet werden von dem, was in der Natur herumliegt: Steine, Stöcke, bunte Blätter im Herbst, persönliche Gegenstände. Der Kreis sollte aber immer geschlossen und lückenlos sein.

Solange du arbeitest, darfst du nicht gestört werden! Sorge für störungsfreie Arbeit, halte Haustiere fern, Kinder, Handy-Klingeln und solche Dinge. Das ist sehr wichtig, denn das kann nicht nur frustrierend, sondern gar gefährlich sein, wenn deine Arbeit nicht abgeschlossen wird.

Reinige den Ort von Unrat. Räume auf und mach ihn ordentlich, so wie du das Innere und Äußere deines Kreises haben willst. Halte ihn sauber auch von negativer Energie!

Die Macht der Bäume

Meistens sind Kraftorte von Bäumen umgeben.

Du kannst sie in einige wunderbare Rituale mit einbeziehen. Auch sie sind Symbole der Kraft, in ihrer eigenen individuellen Art. Rituale mit Bäumen sind sehr einfach und natürlich nicht nur an Kraftorten möglich. Jeder Baum ist ein eigener Kraftort. Deshalb haben die Menschen oft das Bedürfnis, einfach mal einen Baum zu umarmen um dessen Energie zu spüren.

Wie wäre es für dich, wenn du einen Schritt weitergehen würdest? Umarme den Baum und nimm die Kraft, welche für diese Baumart steht, in dich auf. Ich stelle dir einige heimische Bäume vor und erkläre dir deren Symbolik. Umarme den Baum, oder setze dich einfach an seinem Stamm. Schließe die Augen und nimm die Kraft und Energie des Baumes auf.

Apfelbaum

Er steht für die Liebe und Fruchtbarkeit. So wie die Frucht, der Apfel, für den Körper, so kann der Stamm des Baumes die Energie für die Seele sein. Er steht auch für das Symbol des Lebens und der Vollkommenheit. Nimm diese Energien in dich auf, in deiner Art und Weise.

Birke

Die Birke wird häufig als Maibaum genutzt. Sie steht für die Jugend und Freude. Auf Festen dient sie als Schmuck. Wir nehmen die Energie der Birke unbewusst für die Lebensfreude wahr. Falls du niedergeschlagen bist und dich nicht gut fühlst, wird dir die Birke positive Kraft geben. Sie wirkt sehr beruhigend und bringt dich in deine Mitte.

Birnbaum

Die Germanen verehrten ihn als heiligen Baum und Sitz der Götter. Auch der Birnbaum gilt ähnlich wie der Apfelbaum als Symbol der Frucht und Liebe. Doch auch Wachstum, Erkenntnis und Einsicht gehören zur Energie und Symbolik des Birnbaums. Nimm die Kraft auf, welche dich wohlfühlen lässt und dir neue Blickwinkel für deinen Alltag geben wird.

Buche

Sie steht für Vitalität und dem Leben im Hier und Jetzt. Sie unterstützt dich, wenn dein Denken inzwischen verkrampft wirkt und du nicht aus deinen Grenzen kommst. Sie ist ein hervorragender Seelentröster und gibt dir Klarheit und Geborgenheit. Hier kannst du Altes freigeben und Raum für Neues finden. Freue dich

auf die Kraft des Loslassens von weniger nützlichen Gedanken.

Bergahorn

Hier findest du Harmonie und Fröhlichkeit. Gönne dir Ruhe und Gelassenheit. Der Bergahorn steht für Freude und Humor. Negative Gedanken fließen unter dem Bergahorn leicht ab. Empfange die Kraft von Willensstärke, Gelassenheit, Selbstbewusstsein und besonders Freiheit. Nimm Verbindung mit diesem spirituellen Baum auf und fühle, wie es wäre, wenn du d*ein wahres Ich* leben würdest.

Eberesche

Steht für Weisheit und als Baum des Lebens. Standhaftigkeit, Anpassungsfähigkeit und Zuversicht sind wesentliche Stärken der Eberesche. Ebenso Lebensfreude und Flexibilität. Für die alten Germanen galt er als Glücksbringer. Wunderbare Eigenschaften, welche dir sehr viel Kraft und Heilung geben werden.

Eibe

Die physischen Eigenschaften der Eibe wirken sich direkt auf die ihr zugeschriebenen symbolischen Bedeutungen aus. Aufgrund ihrer giftigen Struktur wird sie mit Tod und Gefahr in Verbindung gebracht. In vielen Kulturen wird sie aufgrund dieser giftigen Eigenschaft als »Todespflanze« bezeichnet. In dieser Hinsicht symbolisiert die Symbolik der Eibe die dunkle Seite der Existenz.

Mit ihrer langen Lebensdauer und Beständigkeit steht die Eibe für Geduld, Widerstandskraft und Kontinuität. Eiben, die Tausende von Jahren leben, drücken eine Vergänglichkeit und Ewigkeit aus, die über den Menschen hinausgeht. In diesem Zusammenhang ist die Symbolik der Eibe nicht nur ein Spiegelbild des physischen Lebens, sondern auch der ewigen Existenz der Seele. Dank ihrer schattigen und geheimnisvollen Struktur gilt die Eibe auch als Wächter, der die Geheimnisse der Natur bewahrt. Die geschützten Umgebungen, die sie im Wald bietet, haben in Bezug auf die Symbolik der Eibe die Bedeutung eines »Schutzes«. Die Geheimnisse der Natur sind im Schatten der Eibe verborgen.

Das langsame Wachstum und das permanente Grün des Baums drücken die Zyklizität und Unveränderlichkeit des Lebens aus. In dieser Hinsicht offenbart die Symbolik der Eibe die Grenzen des menschlichen Lebens, jedoch die Kontinuität der ewigen Zyklen der Natur.

Bei uns auf der Wiese steht eine Eibe. In ihrem Schatten lasse ich Altes – unnützes los (Sterben) und hole mir den Schutz von ihr für Neues. Hast du dir mal Gedanken darüber gemacht, weshalb du soviel Kraft spürst, wenn du durch einen Wald gehst? Du hast sicher schon immer gespürt, dass die Bäume nicht nur Kraft ausstrahlen sondern auch viel Energie verbreiten. Vielleicht sind Bäume ja Lebewesen wie du und Ich?! Bitte den Baum bei deinem Ritual um Abgabe von Energie. Freue dich auf die Möglichkeit Energie zu *tanken* und weniger nützliche abzugeben. Alles ist miteinander verbunden. Verbinde dich mit den stärksten Kraftorten dieser Welt

Eiche

Die Eiche ist ein heiliger Baum. Sie steht für Kraft, Härte, Stärke und Ausdauer. Die Eiche ist wohl die Königin aller Bäume. Aus diesem wunderbaren Baum kannst Du die Energie von Standhaftigkeit, Kontinuität, Festigkeit, Treue und Weisheit bekommen. Tanke auf und lass die Stärke dieses Baumes in Dich einfließen.

Erle

Ähnlich wie die Eiche, steht die Erle für Stärke. Wenn dir Lebensfreude, innere Stärke und Standhaftigkeit fehlt, bist du hier genau am richtigen Baum. Der Erle wird nachgesagt, dass sich gerne Naturgeister in Ihrer Nähe aufhalten. Sie steht ja meistens zwischen Wasser und Erde. Die Erle hilft dir, Verspannungen zu lösen und wirkt gut gegen Rheuma und Gicht. Die spirituelle Kraft   steht   für   Schutz,   Selbstvertrauen   und

Sinnlichkeit. Wenn du ein neues Leben anfangen möchtest, kannst du dich auf die positiven Energiefelder der Erle freuen.

Fichte

Der klassische Baum zu Weihnachten. Sie trägt das Licht des Lebens und steht für Hoffnung und Wachstum. Bei den Germanen wurde sie als Schutzbaum und Lebensbaum verehrt. Die Fichte weist uns den Weg, wenn wir nicht mehr wissen, wohin es gehen soll. Die Verbindung mit der Fichte bringt dir Klarheit und positive Lebensenergie.

Hainbuche

Ein regelrechter Schutzbaum. Sie unterstützt und stärkt dich in deinen Vorhaben. Ihre Eigenschaften bestehen aus sehr starkem Lebenswillen und Zuversicht. Man sagt, wenn bei der Hainbuche ein Ast abgebrochen wird, wachsen sofort wieder neue nach. Die Hainbuche kann für dich als Metapher stehen, niemals aufzugeben, immer aufzustehen und deiner Berufung zu folgen.

Hasel (Strauch)

Der Hasel steht für Fruchtbarkeit und sexueller Kraft. Er ist ein Sinnbild für Wollust. Die Nüsse sollen aphrodisierend sein und die Potenz steigern. Als Baum der Weisheit begünstigt er Glück und Erfüllung. Er hält böse Geister und schlechte Gedanken fern von dir. Wenn der Frühling kommt, signalisieren die Zweige den Beginn der neuen Jahreszeit. Nimm die kreativen Energiefelder auf und nutze sie für den Neuanfang und die Lebensfreude.

Holunder (Strauch)

Schutz und Heilung sind die wichtigsten Kräfte des Holunders. Er hilft Kontakt ins Jenseits aufzunehmen. Möchtest du in Verbindung mit Erdwesen wie Gnome, Feen, Zwerge, u.a. kommen, ist der Holunder die richtige Adresse. Hier kannst du deine negativen Gedanken in die Erde geben. Die Erdwesen bringen Sie weit weg von Dir. Lass an diesem schönen Baum Dinge los, die dich herunterziehen. Vielleicht zwinkert dir ja ein kleines Erdwesen dabei zu.

Kiefer

Du willst Dich von Schuldgefühlen befreien? Dein Selbstvertrauen stärken? Du suchst Licht und Energie?

Dir fehlt schon seit längerer Zeit Lebensfreude? Gestatten – mein Name ist Kiefer!

Die Kiefer hilft dir, deine inneren Ressourcen wieder aufzufrischen. Untergegangene Kräfte und Freude werden durch sie bestens wieder in Schwingung gebracht. Freue dich auf ein Leben der Gelassenheit und nimm diese Energie durch die Kiefer auf.

Lärche

Die Lärche fördert Selbstvertrauen und Stärke. Das Wesen der Lärche ist Heiterkeit, Gemütlichkeit und Fröhlichkeit. Die Mythologie sagt, dass man in Wäldern, wo viele Lärchen stehen, Kontakt zum Feenreich finden kann. Die Lärche ist ein absoluter Kraftbaum und stärkt deine Willenskraft und dein Durchhaltevermögen. Lass dich durch die Lärche motivieren, deine Dinge mit Freude weiterzuführen.

Linde

Ein Baum, der dir als Ratgeber sehr hilfreich sein wird. Früher gab es fast kein Gasthaus auf dem Lande ohne eine Linde davor. Dort war ein Treffpunkt für Feiern und Geselligkeit. Sie schenkt auch Geborgenheit und Trost. Alle deine Wünsche, Ziele und Visionen können mit der Kraft der Linde unterstützt werden. Nimm

Kontakt auf mit den Energien der Erfüllung, Ausgeglichenheit und Lebensfreude.

Ulme

Sie steht für Intuition und Erwachen. Für die Kelten war die Ulme ein heiliger Baum. Wer sehr sensibel ist kann sehr leicht mit diesem Baum Kontakt aufnehmen. Die Energien der Ulme unterstützen dich optimistischer an die Herausforderungen deines Alltags heranzugehen. Ehrlichkeit und Geradlinigkeit, Weisheit, Entschlossenheit und Gerechtigkeit werden durch die Kraft der Ulme in Schwingung gebracht. Dieser Baum gibt dir die Motivation, seine Aufgaben zu erfüllen.

Weide

Die Weide hilft bei der Überwindung von Problemen. Sie ist auch ein Symbol für den Fluss des Lebens. Im Lebensfluss kommen die Begriffe Fruchtbarkeit, Wiedergeburt und Erneuerung vor. Bei diesen Themen kann dir die Weide positive Energie schenken. Möchtest du im künstlerischen Bereich aktiv werden, solltest du die Kraft dieses Baumes aufnehmen.

Die Waldfee

In den dichten Wäldern bei einem kleinen Dorf, so die Sage, lebt eine Waldfee. Sie ist eine Wächterin der Natur, ein Urwesen, das die Bäume, das Wasser und die Tiere in ihrem Reich schützt. Die Menschen haben sie über Generationen hinweg verehrt und respektiert.

Die Waldfee, bekannt unter den Namen "Flora", ist nicht sichtbar, aber ihre Anwesenheit ist spürbar. Manchmal hört man ihr leises Murmeln in den Blättern, sieht sie in den Schattenspielen der Bäume oder spürt ihre Stärke in den Windböen. Die Einheimischen erzählen, dass sie die Tiere beschützt, indem sie ihnen hilft, sich vor den Gefahren der Welt zu bewahren, und dass sie die Bäume wachsen lässt, indem sie ihnen die Energie des Sonnenlichts vermittelt.

Eines Tages, so die Legende, wurde ein junger Mann angegriffen. Verzweifelt rannte er in den Wald und suchte Zuflucht. Als er sich in den Bäumen verirrte, hörte er ein sanftes Brüllen und spürte eine Art von Schutz. Die Waldfee hatte ihn gerettet. Der junge Mann kehrte in sein Dorf zurück und erzählte seine Geschichte.

Von diesem Tag an wurden die Rituale und Bräuche der Menschen, die mit der Waldfee verbunden waren, noch strenger eingehalten. Die Menschen gaben der Waldfee einen Platz in ihren Herzen und ihren Leben. Sie lernten, mit der Natur in Einklang zu leben und die Stärke der Waldfee zu respektieren.

Die Waldfee ist ein Symbol der Verbindung zwischen Mensch und Natur. Sie erinnert uns daran, dass wir alle Teil eines größeren Ganzen sind und dass wir die Natur schützen müssen, um unsere eigene Zukunft zu sichern.

Nur eine Stunde im grünen Wald

Nur eine Stunde von Menschen fern,

nur eine einzige Stunde

Statt der tönenden Worte des Waldes schweigen,

statt des wirbelnden Tanzes der Elfen Reigen,

statt der leuchtenden Kerzen den Abendstern,

nur eine Stunde von Menschen fern

Nur eine Stunde im grünen Wald,

nur eine einzige Stunde.

Auf dem schwellenden Rasen umhaucht von Düften,

gekühlt von den reinen balsamischen Lüften,

wo von Ferne leise das Echo hallt.

Nur eine Stunde im grünen Wald,

nur eine einzige Stunde.

Wo die Halme und Blumen sich flüsternd neigen,

wo die Vögel sich wiegen

auf schwankenden Zweigen,

wo die Quelle rauscht aus dem Felsenspalt.

Nur eine Stunde im grünen Wald,

nur eine einzige Stunde

Rituale der vier Elemente

Erde

Die Erde ist unsere aller Heimat. Das Element Erde steht auch für Einheit und Alleinsein – All-Eins-Sein. Finde einen ruhigen Ort im Wald oder an deinem Kraftplatz. Wähle einen Baum, der dich energetisch an-«spricht». Lehne dich ganz bequem an ihn und schließe deine Augen. Richte deine Aufmerksamkeit auf deinen Geruchssinn. Meditiere mit den Gedanken, dass der Baum, an den du dich lehnst aus einem winzigen Samen entstanden ist. Vielleicht ist auch unsere Seele eine Art Samen, welcher sich die Möglichkeit nimmt, sich zu einer blühenden Blume zu entfalten. Meditiere mit diesen Gedanken.

Wasser

Aus dem Wasser kommt alles Leben. Kein Same kann ohne Wasser aufgehen und gedeihen. Ca. 70 Prozent unseres Körpers besteht aus Wasser. Der größte Teil der Erde ist mit Wasser bedeckt. Gehe zu einem fließenden Gewässer und beobachte den Fluss des Wassers. Lass dich von dieser Energie mitnehmen, werde zu dem fließenden Wasser und lass deine Gedanken fließen. Lass alles alte, was dir Energie nimmt, mit dem Wasser wegtreiben.

Feuer

Feuer kann wärmen, verbrennen oder erhellen. Feuer hat uns schon immer fasziniert. Gehe kurz vor Sonnenuntergang, oder kruz vor Sonnenaufgang in die Sonne und warte, bis die Sonne leicht über dem Horizont steht.Vielleicht schaust du sogar eine Weile ohne zu blinzeln. Halte deinen Blick Richtung Sonne fixiert (natürlich nicht hineinschauen). Das reinigt deinen Körper und besonders deine Augen.

Luft

Luft hat mit Atmen zu tun. Luft steht auch für Wind, der uns auch unvorhersehbar und überraschend in das Gesicht blasen kann. Nutze dieses Element durch ein Ritual mit einem Partner, einer Partnerin. Schließt die Augen und last dich führen. Fühle was in dir geschieht, wenn der für uns gewohnte Sinn des Sehens wegfällt. Widerstehe dem Gefühl, deine Augen wieder zu öffnen während der Übung. Lasse dich eine Weile führen. Wie ist das Gefühl, wenn du ohne etwas zu beeinflussen um Bäume oder auch mal über eine Wiese begleitet und geführt wirst? Dieses Ritual fordert dein Vertrauen und lässt dich zu dem Resultat kommen, nicht immer für alles allein verantwortlich sein zu müssen.

Blinde Geräusche

Ideal wäre es, wenn du dir für dieses Ritual 10-30 Minuten Zeit nehmen würdest. Setz dich irgendwo an deinem Kraftort hin und stelle deinen Timer auf die gewünschte Zeit. Schließe dann einfach deine Augen und lasse dich auf die Energie der Natur ein. Suche dir vorher aus, welchen Kraftplatz du bevorzugen möchtest. Einen Wald mit seinen Vogelstimmen und raschelnden Blätter mit deren Geräuschen, ein rauschendes Meer, oder einen plätschernden Bach. Suche dir solange den Ort, bis du ein Naturgeräusch findest, welches dir gefällt. Lasse dich einfach von deiner Intuition führen. Wenn du den Platz gefunden hast, stelle deinen Timer auf die von dir gewünschte Zeit. Bleib so lange sitzen oder liegen, bis der Timer sich meldet. Die Augen bleiben die gesamte Zeit geschlossen, du hörst nur die Geräusche der Natur – höre einfach nur hin.

Lass deine Gedanken,Gefühle und Empfindungen mit den Klängen der Natur verschmelzen. Wenn die Zeit abgelaufen ist, öffnest du die Augen, stehst auf und streckst dich und lässt die Energien der Geräusche im Geist und Herzen schwingen.

Falls du skeptisch bist oder unter Zeitdruck stehst, gebe deine Zweifel einfach mal auf und probiere das Ritual aus. Du wirst wirklich überrascht sein, wie stärkend es sich sofort anfühlen wird.

Werde zu einem Baum

In dieser Meditation kannst du üben, den Alltag an deinem Kraftort hinter dich zu lassen und eine innere Stabilität aufzubauen. Du wirst dich unmittelbar zentrierter und stärker fühlen und in deiner Präsenz stärker   sein.

Suche dir einen Baum, der dich geradezu einlädt und setz dich zum ihm. Über seine Wurzeln ist der Baum tief mit der Erde verbunden und auch du lässt deine Wurzeln tief in das Erdreich wachsen. Schau deinen Wurzeln innerlich zu, wie sie wachsen und sich stückweise ihren Weg in das Erdinnere bahnen.

Mutter Erde hält dich umso stärker, je weiter deine Wurzeln in die Tiefe und Breite wachsen. Nimm wahr, wie die Erde dich nährt, wie sie dich mit allem versorgt, was du zum Leben benötigst. Genauso wie der Baum mit seinen Wurzeln tief geerdet ist, bist auch du   voller   Stabilität.

Jetzt ist es Zeit, sich zu entfalten. Spüre, wie deine Äste wachsen, lass Zweige hinausragen, beginne zauberhafte

Blüten zu bilden. Lass Blätter entstehen und deinen Baum Früchte tragen.

Lass dich nun langsam hin und herwiegen. Fühle dich wie bewegt vom Wind. Spüre dabei die feste Verankerung mit dem Boden. Spüre, wie die Erde dich trägt und dir Sicherheit gibt. Fühle dich gut verwurzelt. Und fühle trotzdem die Flexibilität, dich vom Wind bewegen zu lassen. Du bist stabil und geerdet.

Atme tief ein und wieder aus. Spüre deine Kraft und nimm wieder deinen Körper wahr. Komm langsam zurück und bewege dich wieder. Du bist sicher und geschützt, fühlst dich wohl und frisch und öffnest langsam deine Augen.

Steh auf und mache einige Dehnübungen und atme tief ein und aus. Genieße den Duft und die Energie des Waldes.

Vier Wünsche

Plötzlich kommt eine Fee daher und erfüllt dir drei Wünsche.... usw. Das kennst du ja sicher aus vielen Märchen und Sagen. Jetzt machen wir es einmal umgekehrt. Da kommt eine Fee daher und sagt dir: *...du sollst von vier Wünschen, die Du hast, drei wegnehmen.* Wie bitte? Genau, zu drei Wünschen sagst du *Goodbye*.

Vielleicht wirst du dich jetzt fragen, wozu das gut sein soll. Kennst du deinen ganz großen Wunsch? Deinen größten Wunsch, den du hast? Wenn ich jemanden danach frage, bekomme ich oft die Antwort, ich habe jede Menge Wünsche. Kannst du dir vorstellen, dass diese Menschen alle davon erreichen werden? Nur wenigen gelingt das. Aber was treibt dich an? Welche Energie lässt dich nach deinem größten Wunsch streben? Kennst du überhaupt deinen größten Wunsch?

Ich meine nicht Gesundheit usw. sondern deinen ideellen oder materiellen größten Wunsch. Mit dieser leichten, aber mental gar nicht so einfachen Übung wirst du herausfinden, was GENAU dein größter Wunsch ist.

Suche dir vier Gegenstände hier an deinem Kraftort. Vielleicht einen Stock, einen Stein, einen Tannenzapfen oder etwas anderes. Jedem dieser Gegenstände besetzt du mit einem deiner Wünsche, Ziele oder Visionen. Diese legst du nebeneinander auf den Boden. Jetzt verabschiede dich von einem der Gegenstände. Nimm dir Zeit für diese Entscheidung. Gehe dann ein wenig an deinem Kraftort herum und stelle dich nach etwa fünf Minuten wieder vor die restlichen drei Gegenstände. Wieder sollst du einen Gegenstand, der mit einem Wunsch besetzt ist, entfernen. Lass dir auch jetzt Zeit dafür. Wie du dir sicher denken wirst, wiederholst du das Ritual. Lauf wieder für etwa fünf Minuten an dem Ort herum und stelle dich vor die beiden übriggebliebenen Gegenstände. Einen wirst du abermals entfernen. Ist dir jetzt bewusst, was dein größter Wunsch ist?

Ich habe Menschen weinen gesehen, die diese Übung durchführten. Einige haben dieses Ritual nicht zu Ende gebracht. Sie konnten sich einfach nicht entscheiden. Doch das Gefühl endlich zu wissen, was im tiefsten Unterbewusstsein immer darauf gewartet hat, von dir angenommen zu werden, ist einzigartig.

Ein Tipp von mir: Nimm diesen letzten Gegenstand mit zu dir nach Hause. Nutze ihn als Metapher oder/und Glücksbringer.

Viel Spaß mit deinem größten Wunsch!

Stille

Eine kleine Metapher-Geschichte, die sehr gut zu einem Kraftort passt.

Ein Mönch hatte sich in die Einsamkeit zurückgezogen um in der Abgeschiedenheit vom lärmenden Leben seine Zeit der Meditation und dem Gebet widmen zu können. Einmal kam ein Wanderer zu seiner Einsiedelei und bat ihn um etwas Wasser. Der Mönch ging mit ihm zur Zisterne, um Wasser zu schöpfen. Dankbar trank der Fremde. Etwas vertrauter geworden bat er den Mönch, ihm eine Frage stellen zu dürfen. *Sag mir, welchen Sinn siehst du in deinem Leben in der Stille?* Der Mönch wies mit einer Geste auf das aufgewühlte Wasser der Zisterne und sagte: *Schau auf das Wasser! Was siehst du?*

Der Wanderer schaute tief in die Zisterne, dann hob er den Kopf und sagte: *Ich sehe nichts.* Nach einer kleinen Weile forderte der Mönch ihn abermals auf: *Schau in das Wasser. Was siehst du jetzt?* Noch einmal blickte der Fremde auf das Wasser und antwortete..

Jetzt sehe ich mich selbst! - Damit ist deine Frage beantwortet, erklärte der Mönch. *Als du zum ersten Mal in die Zisterne schautest, war das Wasser vom Schöpfen unruhig. Du konntest nichts erkennen. Jetzt ist das Wasser ruhig – und das ist die Erfahrung der Stille. Man sieht und erkennt sich selbst!*

Nette Geschichte, nicht wahr? Übrigens, sollte hier an deinem Ort ein Gewässer in der Nähe sein.... Schau doch mal hinein. Was siehst du?

Geht's noch weiter?

Hier eine kleine Übung um dir zu zeigen, wie einfach es ist, aus deinen Grenzen herauszugehen. Du stellst dich fest auf den Boden und hebst einen Arm mit gestrecktem Zeigefinger nach vorne. Jetzt drehst du dich mit dem Arm soweit du kannst. Deine Beine stehen gerade auf der Stelle. Drehe den Oberkörper und halte den Arm gestreckt. Merke dir genau die Stelle, wo dein Zeigefinger hinzeigt. Jetzt gehst du wieder zurück in die Ausgangsstellung.

Schließe deine Augen und stelle dir vor, dein Arm würde sich jetzt noch viel weiter drehen als bisher. Stelle es dir ganz intensiv vor.

Nimm wieder deine Grundstellung ein. Dein Arm mit gestrecktem Zeigefinger zeigt wieder nach vorn. Drehe dich wieder, soweit du nur kannst.

Kann es sein, dass du diesmal viel weiter gekommen bist? Mach es dir jetzt an deinem Kraftort ganz bequem. Schließe deine Augen und stelle dir vor, dass du mit deinen Wünschen und Zielen noch viel weiter gehen kannst, als du es bisher angenommen hast. Merkst du, wie deine Grenzen verschwinden?

»Vollkommenheit ist, wenn du

die Energie des Lebens spürst«

- Jürgen Wolf -

Affirmationen

Es gibt kaum einen besseren Platz Affirmationen zu nutzen, als an einem Ort der Kraft. Affirmationen helfen dir, dich selbst zu ändern. Du nutzt einen selbstbejahenden Satz und sagst ihn wie ein Mantra immer wieder. So programmierst du deine Gedanken, dich dauerhaft zu verändern. Fühlen, Handeln und Denken sind ständig miteinander verbunden. Egal was du denkst, du wirst immer recht haben. Glaubst du, dass du ein Verlierer bist, wirst du auch so fühlen. Sicher kennst du Otto, den Komiker. Er hatte einen lustigen Sketch, indem er sagte: *Großhirn an Kleinhirn... fang schon mal an* ..(dies und das zu tun)

Wenn du der Meinung bist, du hättest keine positive Ausstrahlung, kannst du auch keine haben. Mit dieser negativen Einstellung wirst du niemals andere positiv erreichen können. Deine Körpersprache wird sich genauso darstellen, wie du denkst. Mit dauerhaften positiven Affirmationen werden sich dein Verhalten und deine Gefühle danach ausrichten.

Es gibt Affirmationen für verschiedene Bereiche und Themen in deinem Leben. Such dir genau jene aus, welche dich vom Gefühl her am meisten ansprechen. Finde an deinem momentanen Kraftort eine Stelle, wo du sehr starke Energie spürst. Suche dir einen energetischen Platz, setz dich hin und gehe mit aufgerichteter Haltung in deine Affirmation.Wiederhole sie mermals. Denke daran, wie du sie aussprichst. Egal ob in Gedanken oder indem du sie laut aufsagst. Fühle jedes Wort dabei. Nach einer Weile wirst du bemerken, wie sich deine Gefühle ändern, wie dein Körper eine aufrechte Haltung einnimmt.

Hier einige Affirmationen:

Angst

Mein Körper und meine Seele verbinden sich

mit dem Universum und werden eins.

Alles in mir fließt. Ich atme entspannt und ruhig

Gesundheit

Mich durchfluten Wohlbefinden

und positive heilende Kräfte.

Meine Gesundheit verbessert sich immer

mehr durch positive Gedanken.

Ich bin dankbar, für alles

was mein Körper für mich leistet.

Ich weiß, dass mich dieser

Ort mit heilender Energie versorgt.

Gesundheit ist ein ganz natürlicher

Zustand für meinen Körper.

Geld

Der unendliche Reichtum

des Universums ist für mich da.

Meine Gedanken sind

auf Reichtum ausgerichtet,

Ich denke positiv über Geld

Ich verdiene es, reich zu sein,

Ich bin erfolgreich und glücklich.

Der Weg für meine Heilung

ist voller Licht und Energie.

Selbstliebe

Ich nehme mich so an, wie ich bin.

Ich fühle mich wunderbar,

weil ich mich selbst liebe.

Ich öffne mich

meiner eigenen Schönheit.

Ich bin in Frieden und Liebe

mit meiner Seele.

Ich bin stolz

auf die Person, die ich bin.

Partnerschaft

Liebe ist ein wundervoller

Teil meines Lebens.

Ich sende Liebe in das Universum.

Liebe schwingt

in jede Zelle meines Körpers

und ich fühle sehr viel Liebe in mir.

Ich bin liebenswert

und verdiene es geliebt zu werden.

Ich öffne mein Herz

und spüre sehr viel Liebe in mir.

Gewichtsabnahme

Meine Abneigung gegen ungesunde

und fette Speisen wächst täglich.

Ich ernähre mich gesund.

Jeden Tag fühle ich mich

gesünder und stärker.

Ich bin gesund

und gehe den richtigen Weg.

Mein Verlangen auf fettreiche

Lebensmittel löst sich immer mehr auf.

Ich bleibe bei Stress ganz ruhig.

Für mich ist es normal

schlank zu sein.

Ich fühle mich innerlich

sehr wohl.

Du möchtest dich von Grund auf verändern? Du möchtest eine neue, positive und wunderbare Ausstrahlung? Menschen sollen auf dich zukommen und dir behilflich sein?

Dann nutze eine der stärksten Affirmationen die ich kenne:

Ich bin eine sympathische

und erfolgreiche Persönlichkeit.

Ich besitze eine charismatische Ausstrahlung

und erziele eine positive Wirkung

auf meine Mitmenschen.

Klar und voller Tatkraft

verwirkliche ich meine Wünsche und Ziele.

Automatisch ziehe ich genau

die Menschen an, die mich bei der

Verwirklichung meiner Ziele unterstützen.

Ich bin optimistisch,

voller Mut und eine strahlende

und lebensfrohe Persönlichkeit.

Sprich (oder lies) diese Affirmation an deinem Kraftort langsam und voller Gefühl auf. Verbinde dich dabei mit der Natur und lass die Natur sich mit dir verbinden. Spüre, wie diese Energie aus der Erde in dich hineinfließt und dich immer stärker und charismatischer macht.

Ameise & Co..

Die Symbolik der Tiere an Deinem Kraftort

Einheimische Tiere, welche dir an deinem Platz begegnen, kannst du für etwas sehr spannendes nutzen. Alle Tiere haben eine Symbolik in der Spiritualität oder stehen für bestimmte Eigenschaften, die ihrer Art entsprechen.

Stell dir vor, eines der folgenden Tiere hält sich dort auf. Du sitzt an einem schönen Platz und gehst in Gedanken in die Energie dieses Tieres. Du spürst, wie die Eigenart und Besonderheit dieses Lebewesens in dich hineinströmt. Wie sich in deinem Alltag neue Blickwinkel mit diesen Fähigkeiten erschließen könnten.

Viel Spaß beim Zusammentreffen mit...

Ameise

Sie steht für Geduld, Durchhaltevermögen, Fleiß, Disziplin.

Amsel

Energie die Natur zu verstehen, Mystik, Weissagung.

Biber

Kreativität, Kraft der Visionen, Stärke, Neues zu erschaffen, Gestaltung von Träumen, Umsetzungsvermögen.

Biene

Sinn für Gemeinschaft, Unermüdlichkeit, Fleiß.

Buchfink

Höheres Bewusstsein, Übersinnlichkeit, Höhere Erkenntnis, Denken, Fröhlichkeit.

Bussard

Überblick, Verbindung mit dem Gewesenen und dem Hier und Jetzt. Überblick finden, von oben auf das Leben schauen. Wachsamkeit, neues Entdecken, Ruhe, Grenzen erweitern.

Eichelhäher

Himmel und Erde verbinden. Kraft, Macht Weisheit, Stabilität. Schutz und Wächter des Waldes.

Eichhörnchen

Lebensfreude, Kommunikation, Neues probieren, Aktivität, Weitblick, Neue Blickwinkel, Wendigkeit, Intuition, sich selbst versorgen.

Eidechse

Heilung, Regeneration, Hoffnung, Träume erleben, Tarnung.

Elster

Herzensgüte, Vertrauen, Geborgenheit, Blick nach innen, weibliche Energie, Trost, Schutz, Freude, Beziehungen festigen, Familie.

Eule

Aufmerksamkeit, höheres Bewusstsein, Beobachtungsgabe, Hellsichtigkeit, Schutz vor Täuschungen, Erleuchtung, Scharfblick, Prophezeiung, Einweihung in die Magie.

Falke

Schärfung der Sinne, Macht und Stärke, Blick auf eine andere Ebene, Achtsamkeit, neue Perspektiven sehen, Ritterlichkeit und Ehre.

Feuersalamander

Wächter, Lebendigkeit, Begegnungen mit neuem Denken, Transformation.

Fink

Lebendigkeit, Abwechslung, Vielfalt.

Fisch

Träume und Gefühle, Eingebung, Unterbewusstsein,

Fledermaus

Mit der anderen Welt beschäftigen, Einweihung, Wiedergeburt und Neubeginn, Veränderung, sich mit der Schattenseite und Ängsten auseinandersetzen.

Frosch

Neues wagen, Heilung, Fruchtbarkeit, Kreativität, Mut zu haben, Sprünge zu wagen.

Fuchs

Magie der Weiblichkeit, Unsichtbarkeit, schnelles Denken, Entschlossenheit, Diplomatisch, Geschicklichkeit, Klugheit, Anpassungsfähigkeit.

Hase / Kaninchen

Schnelligkeit, Liebe, Weiblichkeit, Sanftmut, Wiedergeburt und Neuanfang, Liebe zu Heilkräutern, Fruchtbarkeit.

Hirsch

Schönheit, Veränderung, Wandlung, Botschafter der Anderswelt, Lebensenergie, Geburt, Offenheit für Neues.

Hund

(für alle die Ihren treuen Freund dabei haben)

Treue, Begleiter, Wächter, Spürsinn, Führung, Loyalität, Beschützer.

Käfer

Nimm ihn einfach als Glückssymbol.

Krähe

Loslassen, mit der Vergangenheit, Aussöhnen, Kraft der Spiritualität, Schöpfung, Magie, Vertrauen in die Zukunft.

Kuh

Weiblichkeit, Gelassenheit, Mütterlichkeit, Glück und Geduld.

Libelle

Weisheit und Licht, altes Wissen, Verbindung mit Verstorbenen, Feen und Elfen.

Mauerschwalbe

Friede und Glück in der Gemeinsamkeit.

Maulwurf

Stärke für Selbstheilung, kennt die Ursachen aller Dinge.

Maus

Schnelligkeit, Gerechtigkeit, Wachsamkeit, Vorsicht, Vorsorge, Schlauheit, Offen sein für Neues.

Otter

Liebe für die Familie, Lebensfreude, Intuition, Kreativität, Sinnlichkeit.

Pferd

Freiheit, Energie, Kraft, Loslassen, Schönheit, Reisen in andere Ebenen, Selbstheilung, Beweglichkeit, Leichtigkeit.

Rabe

Magie, Mystik, Geburt, Tod und Wiedergeburt, Intelligenz, Kommunikation, Schöpfung, Schutz.

Ratte

Anpassungsfähig, Aufbruch und Neuanfang, Organisationsmeister, Intelligenz.

Reh

Schönheit, Weiblichkeit, Neuanfang, Charismatisch, Liebe, Sanftmütig, Loslassen.

Rotkehlchen

Wachstum, Neues annehmen und verwirklichen, Willenskraft, Kreativität, Loslassen.

Salamander

Mit Feuer alte Themen verbrennen. Platz für neues Denken schaffen, Vergebung und Wandlung.

Schaf

Erschaffen von Träumen und Visionen, Sanftmütig und liebevoll.

Schlange

Lebenskraft, Verwandlung, Heilerin, Sexualität und Weisheit, Harmonie, Beweglichkeit, Immerwährender Wandel, Fruchtbarkeit.

Schmetterling

Wandlung, Leichtigkeit, Schönheit, Unsterblichkeit, Lebensfreude, Veränderung.

Schnecke

Geduld, Langsamkeit, Blick nach Innen, Auferstehung, Leben im Hier und Jetzt.

Schwalbe

Schutz und Wärme.

Schwan

Erkennen der Schönheit in allem, absolute Liebe, Wandlung, Symbol der Feen und Elfen. Verbindung in andere Seelenwelten.

Spatz

Selbstwert und Selbstachtung leben.

Specht

Erneuerung, Sicherheit, Wiedergeburt, Liebe, Wachstum.

Spinne

Die Vergangenheit mit der Zukunft verbinden, Kraft der Schöpfung, Kreativität, Weiblichkeit leben, Weisheit und Schutz.

Wenn du es eilig hast,
gehe langsam

Hast du einmal darauf geachtet, wie schnell oder langsam du heute unterwegs bist? Hast du es eilig zu deinem Kraftort zu kommen, weil noch andere Aufgaben auf dich warten, oder nimmst du dir Zeit für die vielen kleinen Dinge der Natur? Manchmal kann langsamer sogar schneller sein, so wie in dieser Metapher-Geschichte von Till Eulenspiegel:

Till Eulenspiegel ging eines schönen Tages mit seinem Bündel an Habseligkeiten zu Fuß zur nächsten Stadt. Auf einmal hörte er, wie sich schnell Hufgeräusche näherten und eine Kutsche hielt neben ihm. Der Kutscher hatte es sehr eilig und rief: *Sag schnell – wie weit ist es bis zur nächsten Stadt?* Till Eulenspiegel antwortete: *Wenn ihr langsam fahrt, dauert es wohl eine Stunde. Fahrt ihr schnell, so dauert es zwei Stunden, mein Herr!*

Du Narr schimpfte der Kutscher und trieb die Pferde zu einem schnellen Galopp an und die Kutsche entschwand aus Till Eulenspiegels Blick.

Till ging gemächlich seines Weges auf der Straße, die viele Schlaglöcher hatte. Nach etwa einer Stunde sah er nach einer Kurve eine Kutsche im Graben liegen. Die Vorderachse war gebrochen und es war just der Kutscher von vorhin, der sich nun fluchend daran machte, die Kutsche zu reparieren. Der Kutscher bedachte Till mit einem bösen und vorwurfsvollen Blick, worauf dieser nur sagte: *Ich sagte es doch: Wenn ihr langsam fahrt, eine Stunde...*

Lasse dir Zeit für deinen Besuch an einem Kraftort

Vollkommene Achtsamkeit

Mit dieser Übung, diesem Ritual lernst du den Kraftort mit allen Sinnen kennen. Natürlich könnte man diese Übung überall durchführen, besonders im Freien, allerdings wirst du in einem Kraftort die Energien viel tiefer und spiritueller empfinden.

Du stellst deine Füße zusammen und wirst dir des Bodens unter dir bewusst. Lenke dein Bewusstsein von deinen Füßen nach oben zum Scheitelpunkt deines Kopfes. Fühl dich dabei entspannt. Falls sich irgendein Körperteil noch angespannt anfühlt, konzentriere dich auf diesen Bereich, spanne diese Muskeln an, bevor du sie dann bewusst entspannst. Atme dabei. Was kannst du hören? Konzentriere dich dabei auf die Geräusche an diesem Ort. Was kannst du sehen?. Blicke geradeaus und nimm wahr, ohne die Augen nach oben und unten zu bewegen, was du siehst. Weiterhin nimmst du wahr, ohne die Augen zu bewegen, was über und unter dir und zu deiner Rechten und Linken ist.

Du solltest dabei nicht den Kopf, noch deine Augen bewegen. Blinzeln ist kein Problem. Entspanne dich und nimm alles in dir auf. Was kannst du riechen= Atme leicht und sanft die Düfte um dich herum ein. Was kannst du schmecken? Welcher

Geschmack ist gerade in deinem Mund? Stell dir vor, du würdest ein Stück Obst essen. Nimm die Temperatur an deinem Ort wahr.

Verlagere dein Gewicht mal auf den rechten Fuß und stell dir dabei vor, wie Wurzeln tief in die Erde wachsen. Atme ein und hebe beim Ausatmen leicht den rechten Fuß vom Boden.

Strecke deine Arme parallel zueinander gerade nach oben und lass deine Handflächen sich dabei berühren. Vergiss nicht dabei ruhig zu atmen. Halte diese Stellung so lange wie möglich. Dann lässt du deine Arme und deinen Fuß langsam sinken. Diese Übung wiederholst du dann mit deinem linken Fuß.

Du wirst bemerken, dass sich durch die Konzentration auf die Sinne sich deine Wahrnehmung von diesem Ort verändern wird. Du bekommst eine klare Vorstellung von deinem Platz in der Welt und deinem Leben. Deine Gefühle der eigenen Beziehung mit der Natur führt dich zu innerem Frieden. Das wirkt sich auf dein Verhalten aus und der Umgang mit anderen wird sich verändern. Du kommst ganz in deine Mitte und wirkst authentisch und charismatisch auf dein Umfeld.

Je öfter du diese Übung machst, besonders an deinem Kraftort, wird sich dein Bewusstsein schärfen und die

Einheit mit dir selbst und deiner Umgebung wird sich immer positiver verändern.

Loslassen

Ich habe für dich ein kleines Ritual zum Loslassen und zur Auflösung von negativen Energiefeldern ausgewählt. Es ist ein sehr ausgleichendes und liebevolles Ritual. Möchtest du etwas loslassen oder dich von einem Thema befreien? Meist sind es negative Gewohnheiten oder Überzeugungen, die dir im Leben wenig nützlich sind. Dennoch beschäftigen sie dich viel mehr als du möchtest. Dann fange gleich damit an. dein Kraftort ist ideal dafür geeignet.

Bereite dich vor

Überlege dir, von was du dich gerne verabschieden möchtest. Lege dich nur auf ein Thema fest. Das schafft Klarheit und Kraft, es geht ja schließlich um Veränderungen in deinem Alltag.

An deinem Kraftort ist dein Körper in Bewegung und damit auch deine Energie. Erzwinge nichts, sondern gehe ausgeglichen an die folgende kleine Meditation heran. Freue dich auf die Natur und deinen Kraftplatz. Atme den frischen Duft ein, höre die Vögel und genieße den leichten Wind. Mit der Zeit wirst du fühlen, was   genau dich beschäftigt und welches Problem du loswerden, bzw. überwinden möchtest.

Suche dir einen Baum

...oder lass dich von einem Baum finden. Du wirst schon fühlen, welcher Baum es für dich sein wird. Bleibe dann stehen und nimm dir auch innerlich einen Moment Zeit um anzukommen. Atme tief ein und genieße die Aussicht. Lade den Baum für dein Ritual ein.

Verbinde dich mit dem Baum

Es ist ganz einfach. Schließe deine Augen und spüre, wie deine Füße sich mit der Erde verbinden. Stelle dir die Wurzeln des Baumes vor. Lasse jetzt in Gedanken die Wurzeln des Baumes wachsen. Fühle, wie der Baum sich mit dir verbindet.

Dein Thema darf jetzt kommen

Atme tief durch, sei entspannt und lasse dein Thema einfach zu dir kommen. Das Thema, von dem du dich verabschieden möchtest und loslassen willst. Sprich einen positiven Satz, wie: *Ich lasse jetzt .... los.* Oder fang an mit: *Ich werde mich jetzt von .... befreien.* Bsp.: *Ich lasse jetzt die Wut gegenüber ..... los.* Oder: *Ich verabschiede mich von negativen Gedanken gegenüber.....*

Dein Thema darf sich jetzt verabschieden

Öffne deine Augen, schau und höre hin, wie einzelne Blätter vom Baum fallen. So wie der Wind die Blätter löst, so lösen sich negative Gedanken, Glaubensmuster und Gefühle von dir. Sieh hin, wie schön es aussieht. Die Natur zeigt dir, wie einfach loslassen sein kann. Erinnere dich, dass du mit deinem ausgesuchten Baum stark verbunden bist. Die fallenden Blätter sind ein Symbol dafür, dass alles in deinem Energiefeld, was dich innerlich mit dem Problem noch verbindet, abfällt. Es fühlt sich auch für dich ganz einfach an. Bleibe solange mit der Energie des Loslassens verbunden, bist du das Gefühl hast, freier und leichter zu sein. Öffne nun wieder die Augen und bedanke dich bei deinem Baum. Bedanke dich auch bei der Natur. Bedanke dich bei Menschen, die in mit deinem Thema verbunden waren und wünsche Ihnen Glück und Freude.

Beende das Ritual

Fühle innerlich noch mal die Wurzeln deines Baumes und löse dich dann von ihnen. Komm wieder zurück und genieße deine neue Leichtigkeit und Ausgeglichenheit.

»Wer loslässt hat beide Hände frei«

- Jürgen Wolf -

Der religiöse Weg

oder.. der Kreuzweg von Jesus

Wenn du einmal den Kreuzweg von Jesus an deinem Kraftort in einer spirituellen Form gehen möchtest, wäre es von Vorteil, wenn dein Kraftort z.B. einen Weg hat, bei dem das Ziel auch der Anfang des Weges ist. Sehr gut geeignet ist auch ein Weg um einen See herum. Du selbst legst fest, wann oder an welchem Abschnitt die nächste Station sein wird.

Viele Kirchen und Kapellen, die auf einem kleinen Berg sind, haben auch einen Kreuzweg. Diesen kannst du für diese Erfahrung sehr gut nutzen. Ich gebe dir die Texte des Kreuzweges vor und du gehst in dich, lässt dir Zeit und beantwortest die Fragen dazu. Fang einfach an und mache dir an jeder Station Notizen zu deinen Gedanken.

I. Station

Jesus wird zum Tode verurteilt

Wie schnell verurteilst du Menschen in deinem Umfeld?

....

....

II. Station

Jesus nimmt das Kreuz auf seine Schultern.

Was möchtest du von deinen Schultern nehmen?

....

....

III. Station

Jesus fällt zum ersten Male unter dem Kreuze.

Gestattest du dir auch mal hinzufallen? Welches Gefühl
hast du dabei?

....

....

IV. Station

Jesus begegnet seiner Mutter

Mutter Gottes, nimm auch mich in deine Arme.

Wie bist du deiner Mutter begegnet?

Was hat Sie dir für deinen Lebensweg mitgegeben?

. . . .

. . . .

V. Station

Simon von Zyrene hilft Jesus das Kreuz zu tragen.

Wem hilfst du sein Kreuz zu tragen? Wem möchtest du in Zukunft helfen, sein Kreuz zu tragen? Es muss keine bestimmte Person sein, es kann auch eine Organisation sein, welche du unterstützen kannst.

. . . .

. . . .

VI. Station

Veronika reicht Jesus das Schweißtuch

Schau nicht gleichgültig auf die Not von anderen und
stehe ihnen zur Seite.

Wie genau kannst du helfen? Was wäre dir möglich?
Welche Fähigkeiten kannst du dafür einsetzen?

…..

…..

VII. Station

Jesus fällt das zweite Mal unter dem Kreuz

Hebe uns auf, wenn wir gestrauchelt sind

Von wem würdest du dir helfen lassen, wenn du
gestrauchelt bist? Was würdest du dir dabei wünschen?

…..

…..

VIII. Station

Jesus begegnet den weinenden Frauen

Schauen wir auch auf die anderen? Gibt es jemanden,
dem es nicht so gut geht und der Person du schon lange
etwas liebevolles sagen würdest?

…..

…..

IX. Station

Jesus fällt zum dritten mal unter dem Kreuz

Sind wir nicht auch manchmal mutlos und verlassen?

Was genau brauchst du, um nicht mehr mutlos zu sein?

…..

…..

X. Station

Jesus wird seiner Kleidung beraubt

Wie oft stellen wir den anderen bloß?

Wie fühlst du dich, wenn du gespürt hast, einen andern bloßgestellt zu haben? Was machst du in Zukunft anders?

…..

…..

XI. Station

Jesus wird an das Kreuz genagelt

Sind wir nicht auch gebunden an Menschen und Aufgaben? An welche Aufgaben bist du gebunden? Welche davon würdest du gerne loslassen?

…..

…..

XII Station

Jesus stirbt am Kreuz

Ist dir bewusst ,dass er auch für dich gestorben ist?

Welche negativen Dinge können bei dir sterben? Was kann auferstehen?

....

....

XIII. Station

Jesus wird vom Kreuz abgenommen

und in den Schoß seiner Mutter gelegt.

- Halte uns in der Stunde unseres Todes -

Von wem möchtest du gehalten werden? Würdest du dich fallen lassen können?

....

....

XIV. Station

Der Leichnam Jesu wird ins Grab gelegt

Wir sollen nicht trauern wie andere, die keine Hoffnung haben, denn wir werden auferstehen.

Versprich dir jetzt, dass du nie liegenbleiben wirst, wenn du fällst.Versprich dir jetzt, dass du immer aufstehen wirst.

*Ich verspreche mir **jetzt,** dass ich immer aufstehe, egal wie oft ich falle.*

....

Name

....

Ort / Datum

....

Unterschrift

»Die größten Ereignisse,

das sind nicht unsere lautesten,

sondern unsere stillsten Stunden«

- Friedrich Wilhelm Nitzsche -

Spirituelles Ritual - sich mit einem Baum zu verbinden

Vorbereitung:
Informiere dich über die Baumart, mit der du Kontakt aufnehmen möchtest. Allerdings nur soweit, dass du den Baum auch im Wald erkennst und findest (z.B. mit einem Bestimmungsbuch). Mache einen Waldspaziergang und suche nach einem geeigneten Baum. Wenn du das Gefühl hast »Willkommen« zu sein folgt der nächste Schritt.

Ausrüstung:

> Wanderstab
> Messer oder kleine Säge (eventuell Versiegelung für Baumwunden: Baumwachs mit Fungizid, nur bei schönem trockenem Wetter schneiden, nicht bei hoher Luftfeuchte oder nasskalt)
> Schnur
> Ein Kelch mit leicht gesalzenem Wasser (Wasser & Erde)
> Eine Schale mit Kohle und Räucherung (ersatzweise gehen auch Räucherstäbchen) (Feuer & Luft)

> Ein Feuerzeug (auf die Brandgefahr achten, du bist in einem Wald!!!)

> Eine Sitzunterlage (nur falls du nicht direkt auf dem Boden sitzen möchtest)

> Ein Geschenk für den Baum und seine Baumgeister/ kleines Volk

> Eine Kleinigkeit zu Essen und zu Trinken (z.B. Apfel, Kuchen, Tee)

Ablauf

1. Zuerst suche den Kontakt zu deiner Umgebung. Wie fühle ich mich an diesem Ort? Habe ich das Gefühl, dass ich Willkommen bin?

2. Dann bitte die Bewohner dieses Ortes, den Baum und seine Baumgeister um Erlaubnis an diesem Ort ein kleines Ritual abzuhalten. Erkläre den Grund und den Zweck des Rituals (Einstimmung auf Baumenergie, Kontakt mit Baum etc…). Als Dank für die Benutzung verspreche am Ende ein Geschenk dazulassen. Eventuell kann man es aber auch schon vorher geben. Je nach Gefühl.

3. Dann bereite direkt vor dem Baum einen Ort vor, wo du die Räucherung, den Kelch, das Geschenk etc. griffbereit hinlegen kannst. Breite davor deine Sitzunterlage aus (falls gewünscht). Zum Sitzen empfehle ich den Osten, den Ort der Kommunikation. Zünde dann schon einmal die Kohle/ das Räucherstäbchen an.

4. Als nächstes schaffe dir einen heiligen Raum, den du für dich und den Baum beanspruchen möchtest, um in ihm ungestört eine Verbindung mit dem gewünschten Baum herstellen zu können. Nimm hierfür deinen Wanderstab und ziehe im Sonnensinn (Uhrzeigersinn) einen Kreis um den Baum, der so groß ist, dass du bequem in ihm sitzen kannst. Beginne im Norden. Als nächstes gehe ein zweites Mal um den Baum und segne den Kreis mit der Kraft des Wassers und der Erde (Salz). Zu guter Letzt gehe noch einmal mit der Räucherung um den Baum und segne den Kreis mit der Kraft des Feuers und der Luft. Während des ganzen Vorgangs visualisierst du, wie du dich durch Lichtfäden mit dem Baum verbindest und so zu einem Teil von ihm wirst.

5. Setze dich auf deinen Platz (am besten im Osten) und visualisiere eine blaue Lichtkugel, die dich und den Baum komplett umschließt (auch nach oben und unten). Sie sollte so groß sein, wie der Schutzkreis den du gezogen hast.

6. Intensiviere die Verbindung durch die Lichtbänder mit dem Baum.

7. Nun lasse dich auf die Energie des Baumes ein. Du kannst das Symbol verwenden oder auch den Namen des Baumes sagen oder singen. Nimm sie in dich auf und bringe sie mit deinen vorherigen Erfahrungen (falls vorhanden) in Einklang. Lege die rechte Hand an den Stamm des Baumes und die Linke auf den Erdboden.

Spüre den Energiefluss und versuche ein Teil von ihm zu werden. Du bildest dadurch eine physische Brücke zwischen dem Baum und dem Erdboden, der ihn ernährt und erhält.

8. Erwarte keine zu schnellen Ergebnisse. Bäume haben eine ganz andere Art zu kommunizieren. Sie wachsen viel langsamer und leben meist viel länger als wir. Ihr ganzer mentaler Prozess verläuft ruhiger und gemächlicher. Gib dem Baum genügend Zeit deine schnelllebigen und flüchtigen Absichten und Gedanken aufzunehmen. Versuche dich körperlich und geistig zu entspannen und die Geschwindigkeit zu fühlen, mit der sich der Baum bewegt und entwickelt.

9. Du kannst deine geistigen Begleiter, die Wesen die mit dem entsprechenden Baum in Verbindung gebracht werden bzw. den Herrn des Waldes (Cernunnos, Pan, Herne) bitten dich bei deiner Arbeit und deinem Vorhaben zu unterstützen. Dies kannst du laut oder leise tun. Höre auf dein Gefühl und deine Intuition.

10. Du kannst den Baum bitten, ihm ein Stück von sich mitzugeben. Ein daumendicker Ast eignet sich z.B. dazu einen Oghamstick daraus zu fertigen. Solltest du ihn um einen größeren Ast bitten, z.B. für einen Wanderstab oder einen Zauberstab und er gewährt dir den Wunsch, kann es sein, dass der Baum noch etwas Zeit benötigt, den Ast darauf vorzubereiten abgetrennt zu werden. Hierfür hast du das Stück Schnur mitgenommen. Binde es um den entsprechenden Ast

und vereinbare mit dem Baum eine Zeit, in der du wieder kommen kannst. Bei Schnitten über 2€- Stück Größe benutze bitte das Baumwachs und das Fungizid um die Wunde wieder zu verschließen. Bedenke, dass die Antwort des Baumes auch „Nein" sein kann und respektiere die Antwort.

11. Wenn du oder der Baum das Gespräch beendet hat, kannst du natürlich noch weiter in Kontakt mit dem Baum bleiben oder beginnen das Ritual zu beenden. Hierzu löse dich langsam geistig und körperlich von dem Baum. Ziehe die Lichtbänder in dich hinein.

12. Bedanke dich bei dem Baum, den Hütern des Platzes und allen Wesenheiten, die du zur Unterstützung angerufen hast. Hinterlasse die versprochenen Geschenke und esse und trinke eine Kleinigkeit, um dich wieder zu Erden und im Hier und Jetzt anzukommen.

13. Gehe zum Abschluss dreimal entgegen den Sonnensinn den gezogenen Kreis ab und löse ihn dadurch wieder auf.

14. Wenn dir der Baum erlaubt hat einen Ast mitzunehmen, suche danach erst einmal auf dem Boden. Vielleicht findet sich ja dort direkt etwas. Ansonsten benutze ganz vorsichtig die Säge oder das Messer. Befestige eventuell das Stück Schnur an einem Ast und vereinbare eine Zeit, zu der du zum Schneiden zurückkommen kannst.

Die Kommunikation wird sich für manche Menschen wie von selbst ergeben und es wird sich ein lebendiger Dialog mit dem Geist des Baumes ergeben. Für andere scheint es vielleicht, als geschähe gar nichts. Dies ist ganz normal und erinnert uns daran, wie verschieden wir alle sind, mit verschiedenen Stärken und Fähigkeiten – genau wie die Bäume auch. Es lässt sich nichts gewaltsam herbeiführen, es muss sich entwickeln können. Sei geduldig und behalte in Erinnerung mit welchen Bäumen du eine bessere Beziehung aufbauen kannst als zu anderen.

Als Faustregel gilt, dass es im Frühjahr einfacher ist mit den Bäumen in Kontakt zu treten, weil sie dann aktiver sind und ihr Saft emporsteigt, als im Winter, wenn sie schlafen. Dies ist ein Grundritual für die magische Arbeit mit Bäumen, die sich für jeden Baum empfiehlt.

Es werden sich natürlich bei den unterschiedlichen Bäumen auch Änderungen ergeben, aber versuche nicht diesen Schritt abzukürzen. Alles braucht seine Zeit. Es gibt keine Abkürzungen auf dem Weg der Magie, insbesondere nicht bei der Arbeit mit Bäumen.

Zur Ruhe kommen

Ruhephasen sind mindestens genauso wichtig, wie das Training. Einen Kraftort kannst du auch als Ruhe-Oase nutzen. Dort bekommst du mit einer ganz leichten Übung einen optimalen Ausgleich auf die Herausforderungen des Alltags.

Einfache Atemübungen können hilfreich sein, um wieder in Balance zu finden:

1. Finde einen bequemen Platz zum Sitzen, beispielsweise unter einem Baum, auf einem großen Stein oder auf einer Lichtung.

2. Verschränke deine Finger ineinander, strecke die Arme und drehe die Handflächen nach oben. Hole tief Luft und atme dabei gezielt in den Bauch. Fokussiere dich auf deine gleichmäßige Atmung und lausche den Umgebungsgeräuschen.

Die Dauer der Übung entscheidest du. Nimm dir Zeit, um wieder in Balance zu finden. Sich bewusst kein Zeitlimit zu setzen, hilft zusätzlich dabei abzuschalten.

»Ruhe zieht das Leben an,

Unruhe verscheucht es«

- Gottfried Keller -

Kraftplatz – Atmen

Die folgende Atemtechnik kommt aus dem Yoga und heißt Wechselatmung. Sie wird dir helfen, dich intensiv mit deinem Kraftplatz zu verbinden:

Setze dich aufrecht hin und stelle sicher, dass dein Rücken gerade ist.

Lege den Zeige- und Mittelfinger deiner rechten Hand zwischen die Augenbrauen.

Schließe die Augen und atme mehrmals tief durch die Nase ein und aus.

Schließe das rechte Nasenloch mit deinem Daumen.

Atme langsam und gleichmäßig durch das linke Nasenloch ein.

Schließe das linke Nasenloch mit deinem Ringfinger, öffne kurz danach das rechte Nasenloch und atme langsam und gleichmäßig aus.

Atme langsam und gleichmäßig durch das rechte Nasenloch ein.

Schließe das rechte Nasenloch mit deinem Daumen, öffne kurz danach das linke Nasenloch und atme langsam und gleichmäßig aus.

Sorgen einfach abwaschen

Befindet sich an deinem Kraftplatz eine Quelle, ein kleiner Bach oder ein See, dann kannst du dich symbolisch von deinen Sorgen und Ängsten reinigen. Konzentriere dich einen kurzen Moment auf die Empfindung, die du loswerden willst. Dann tauche eine Hand oder einen Fuß ins Wasser und spüre, wie deine Emotionen langsam dem Lauf des Wassers folgen und davongetragen werden. Sofort wirst du dich leichter, stärker und klarer fühlen.

Baumkommunikation

Gehe mit einem Thema, das dich gerade beschäftigt, in die Natur. Erwähle einen Baum, vertraue dir, dieser Baum wird dich auch innerlich rufen, du wirst es spüren. Setze dich nun an den Stamm des Baumes oder stehe, berühre den Baum, trete mit ihm in Kontakt. Nun versuche, loszulassen und zu meditieren. Bitte den Baum um Unterstützung bei deinem Thema und dann lass los und gehe in die Stille. Nach einiger Zeit wirst du vielleicht innerlich Bilder empfangen, Hinweise bekommen, was zur Lösung deines Themas wichtig sein könnte. Auch hier bedanke dich bei dem Baum und lasse eine kleine Dankesgabe bei ihm. Die Natur ist ein wundervoller Begleiter und großer Unterstützer. In der Natur kommen wir uns selbst ein Stückchen näher, spüren uns. Wir finden Klarheit und können so gute Entscheidungen für unser Leben treffen. Hoch lebe Mutter Natur mit all ihren Energien!

Was in welcher Jahreszeit?

Jahreszeiten spielen eine zentrale Rolle im Buddhismus und und spiegeln die natürlichen Zyklen wider, die auch spirituelle Entwicklungsphasen symbolisieren.

Diese Erfahrungen können wir hervorragend an einem Kraftort nutzen, um unsere Themen und Herausforderungen am stärksten anzugehen und sich ihnen zuwenden.

Frühling

Erneuerung und Wiedergeburt

Der Frühling steht für Wiedergeburt und spirituelle Erneuerung. In dieser Jahreszeit erwacht die Natur zu neuem Leben. Blumen blühen und Tiere erwachen aus dem Winterschlaf. Der Frühling symbolisiert die Möglichkeit, sich selbst neu zu entdecken und spirituell zu wachsen. Jede mentale Wiedergeburt soll uns daran erinnern, dass es eine Chance für ist, uns selbst zu verbessern.

Der Frühling steht auch für die Zeit, alte Gewohnheiten und Denkweisen loszulassen und inneren Frieden zu finden. Sollten diese Themen dich ansprechen, dann nutze sie am besten im Frühling.

Sommer

Wachstum und Fülle

In dieser Jahreszeit, in der die Erde reichlich Früchte trägt und die Tage lang und hell sind, können wir das Thema Wachstum und Fülle angehen.

<u>Wachstum</u> Der Sommer lädt uns ein, die spirituellen Zielen aktiv zu verfolgen und innerlich zu wachsen.

<u>Fülle</u> Die Fülle der Natur erinnert uns an den Reichtum des spirituellen Lebens und die Fülle des Herzens.

Herbst

Reife und Ernte

Im Herbst erreichen die Früchte ihre Reife und die Erntezeit beginnt. Diese Jahreszeit verkörpert Reife und Dankbarkeit.

<u>Reife:</u> Spirituell betrachtet, ist der Herbst eine Zeit, in der wir auf unser bisheriges Leben zurückblicken und die Früchte unserer Bemühungen erkennen.

Ernte Es ist auch die Zeit, Dankbarkeit zu zeigen für all die Segnungen und das Lernen, das wir im Laufe des Jahres erfahren haben.

Der Herbst ist eine sehr schöne Jahreszeit für Selbstfindung und Neuorientierung.

Winter

Ruhe und Reflexion

Der Winter steht für Ruhe und Reflexion. Wenn die Natur zur Ruhe kommt, ist dies eine Einladung, auch innerlich zur Ruhe zu kommen und unsere Gedanken und Handlungen des vergangenen Jahres zu reflektieren.

Ruhe Diese Zeit lädt dazu ein, inneren Frieden zu finden und sich auf das Wesentliche zu konzentrieren.

Reflexion Es ist die perfekte Zeit, um über das vergangene Jahr nachzudenken und Pläne für das kommende Jahr zu schmieden.

Merk-«Würdiges»

Egal welche Jahreszeit du dir ausgesucht hat, gehe ohne große Erwartung mit dem passenden Thema an deinen

Kraftort und lass die Gedanken einfach vorüberziehen. Mach dir keinen Stress, dass jetzt die große Erleuchtung kommen sollte. Sie kommt schon, ohne dass du es groß bemerkst. Dein Unterbewusstsein nimmt die Energien auf und gibt dir in den nächsten Tagen und Wochen die Antworten, welche dir zeigen, wohin deine Seele mit dir hin möchte.

Der Sechzig-Minuten-Marathon

Für mutige Gruppen gedacht

Für diese Meditation brauchst du echt viel Mut. Es geht hier nicht nur darum, innere Erleuchtung, Ruhe und Energie aufzunehmen. Dies ist keine Meditation, die du alleine durchführen kannst. Ideal wäre eine kleine Gruppe mit ca. sechs bis acht Personen. Innerhalb von sechzig Minuten durchlebst du ziemlich alle Gefühle, die ein Mensch haben kann. Wann hast du dich das letzte mal getraut, umherzuspringen wie früher als Kind? Wann warst du völlig verrückt und hast schon mal mit geschlossenen Augen getanzt? Eine Person sollte die Leitung übernehmen und der Gruppe übermitteln, wann immer die nächste Übung beginnt.

Dieser 60-Minuten Marathon ist ein therapeutisches und spirituelles Ereignis, das vor vielen Jahren vom indischen Meister Osho an Veeresh erschaffen wurde.

Wie oben beschrieben, kann diese Meditation nicht allein ausgeführt werden. Während der Meditation haben die anderen Teilnehmer eine Art Spiegelwirkung, in der wir uns selber anschauen können. Durch die schnell wechselnden Aktivitäten und Kontakte mit den weiteren Teilnehmern, erreichst du nach dem *Marathon*

tiefe Stille und Entspannung, wie du sie wohl noch nicht erlebt hast. Je mehr du gibst, desto mehr bekommst du während der Übung zurück.

Keine andere Meditation hat mir soviel gegeben, wie diese. Ich habe zum ersten mal gespürt, wie es ist, wenn alle Gefühle von mir gelebt werden dürfen. Oft habe ich mitbekommen, dass einige Teilnehmer es nicht geschafft haben, alle Übungen durchzustehen. Die sogenannten *Wächter* am Toreingang des Reiches der Glaubensmuster leisten nämlich ganze Arbeit. Aussagen wie: *...das ist doch albern*, oder: *...so was würde ich hier nie tun,* kamen öfters. Es ist auch sehr verständlich, denn wir sind fast alle Gefangene unserer Gefühle. Wir trauen uns nicht mehr, so wie die Kinder, völlig losgelöst, Freude zu empfinden, Trauer zu gestatten, Erotik anzunehmen oder mal ganz für sich in aller Stille zu sein. Mancher lebt sehr stark in dem Gefühl der Lebensfreude mit Lachen und Verrücktheit, aber mal in Ruhe mit sich zu sein, das fällt ihm dann doch schwer. Viele Menschen können keine eigene *Aggressivität* zulassen. Sie möchten immer die liebe nette Person sein. Ihnen fehlt es oft an Durchsetzungsvermögen. Sie gestatten es sich nicht, mal *Nein* zu sagen.

Du wirst schon beim Lesen merken, was da emotional auf dich zukommt. Und die Übungen sollst du auch noch vor und mit Anderen machen? Wie gesagt, für diese Meditation brauchst du und auch alle anderen

Teilnehmer sehr viel Mut. Doch das Geschenk, dass dir durch diesen *Marathon* gegeben wird, bleibt unvergesslich.

Vorbereitung

Geht mit einer Decke, Handtuch und leichter Kleidung zu dem Kraftort.

Sprecht vorher ab, wer diese Meditation leiten soll. Diese Person muss euch alle fünf Minuten in die nächste Etappe führen. Er sollte Teilnehmer, die evtl. aussteigen, wie ein Coach motivieren, wieder einzusteigen.

Es kann losgehen

Ich benutze die Begriffe, aus der ursprünglichen Aum-Meditation: Sucht euch die Partner für bestimmte Übungen schnell und ohne Vorurteile aus.

1. Return to hell

Du stehst einem Partner gegenüber und schreist:

Ich hasse Dich

Komme in Kontakt mit all deiner Negativität, Frustration und Wut. Lass es über deine Stimme raus.

Dein Gegenüber macht das Gleiche. Seid euch bewusst, dass ihr mit eurem Geschrei nicht den andern persönlich meint, er soll nur als Spiegel für Euch wirken. Das gilt auch immer für den momentanen Teilnehmer, mit dem du jetzt diese Übung durchführst. Lass alles raus, ALLES. Natürlich scheidet körperliche Gewalt aus.

2. Heaven

Sobald der Coach die nächste Runde bekannt gibt, hörst du auf zu schreien. Schließe kurz deine Augen. Dann schaue dein Gegenüber an und sage: *Ich mag dich.* Oder wenn du möchtest *Ich liebe dich.* Umarmt Euch und wechselt die Partner.

3. Second wind

Renne mit nach oben gestreckten Armen <u>auf der Stelle</u> und schreie was dir in den Sinn kommt. Hebe dabei abwechselnd deine Beine hoch. Überschreite evtl. eine Schmerzgrenze. Gib 100 Prozent!

4. Kundalini rising

Schließe deine Augen und schüttle deinen ganzen Körper.

5. Cucoo`s nest

Tanze, springe, schreie und lass deiner Energie freien Lauf. Benutze Körper, Stimme und Atem. Zeige dich dir selbst und den Anderen in deiner Verrücktheit.

6. Free

Tanze mit geschlossenen Augen mit dir selbst.

7. Meltdown

Sitze oder liege mit einem Partner und erlaube dir deine Trauer/ deinen Schmerz zum Ausdruck zu bringen.

8. Laughing Buddas

Drehe deine Energie jetzt in die entgegengesetzte Richtung und lache. Fange einfach mit: *Ha, Ha, Ha* an und habe dazu richtig Spaß mit anderen. Sei doch einfach mal wieder Kind!

9. Dance to the lovers

Tanze, als ob du deine/n Heißgeliebte/n bezaubern willst. Spiele mit deinem ganzen Charme und deiner Erotik. Fasse aber dein Gegenüber nicht an.

10. Center of the Universe

Alle Teilnehmer stehen verbunden im Kreis und sprechen das Mantra AUM

11. Wowing

Suche dir einen Platz und sitze in der Stille. Werde zum Zeugen, beobachte deinen Körper, deine Gefühle und deine Gedanken.

12. Namaste

(Ich grüße das Göttliche in Dir)

Gehe zu jedem Teilnehmer.. Mit *Namaste* dankt ihr einander für die gemeinsame Meditation.

Willst du mich heiraten?

Es gibt ja die tollsten Heiratsanträge. Gerade in TV-Shows versucht man sich oft zu überbieten. Jeder nach seinem Geschmack. Manchmal habe ich den Eindruck, dass das viele *Drumherum* und die Aufregung daraus von dem wirklich Wichtigen ablenkt – von der Kraft der Liebe. Wie wäre es denn, wenn du gerade an einem Kraftort deiner/m Lebenspartner einen Heiratsantrag machen würdest?

Ich habe mir dazu ein sehr schönes Ritual einfallen lassen. Du wirst ja sicher einen Ring bei dem Antrag verwenden. Aber statt ihn einfach aus der Hosentasche zu ziehen, machst du es völlig anders:

Du gehst einen Tag vorher allein zu einem – oder deinem Kraftort. Dort vergräbst du den Ring mit Verpackung sicher in einer Dose, in die Erde. Wenn du es noch schöner machen willst, kaufst du dir vorher einen kleinen Engel, oder eine Fee und stellst die Figur auf diese Stelle. Natürlich sollte der Ort, wo du den Ring vergräbst nicht gerade mitten auf oder neben einem Wanderweg liegen. Am nächsten Tag kommst du mit deiner/m Liebsten an diesen Platz. Setzt euch einfach ganz nahe dorthin. Dann sagst du: *Schau, da steht eine Fee, und wer so etwas Schönes findet, da kann es doch sein, dass sich bald etwas verbindet.* Jetzt kannst du den Ring aus dem Boden holen.

Es geht hier nicht nur um ein schönes Ritual. Denke auch daran, dass der Ring in dem Boden an dem Kraftort mit starker Energie aufgeladen wurde. Gibt es denn einen kraftvolleren und schöneren Anfang für ein gemeinsames Leben?

Wie sagte schon Johann Wolfgang von Goethe:

„Glücklich allein ist die Seele, die liebt"

Diese Zeremonie ist nicht nur für einen Heiratsantrag machbar. Auch eine Freundschaft kann man so noch stärker besiegeln.

Aufladen / Reinigen

So ähnlich wie im Ritual *Willst du mich heiraten* kannst du auch andere Dinge an deinem Kraftort aufladen. Vielleicht hast du eine Kette, einen Ring, oder ein anderes Symbol, welches dir sehr viel bedeutet und dich an schöne Dinge erinnert. Vielleicht steht der Gegenstand auch als Metapher für Stärke, Liebe oder ähnliches. Dann solltest du diesen Gegenstand ab und zu an einem Kraftort reinigen und neu aufladen.

Ich kenne Menschen, die halten den Gegenstand in einen Bach, eine Quelle oder legen ihn an einen Baum. Ich wohnte früher in den Bergen und reinigte einen Gegenstand oft an einem kleinen Bach, der aus den Bergen fließt.

Ein Schmuck-Anhänger, der mir in einer schwierigen Zeit meines Lebens sehr viel Stärke gab, habe ich öfters über einige Tage an einen Baum an meinem Kraftplatz gehängt um ihn wieder aufzuladen.

Oder wie in der Zeremonie mit dem Ring beim Heiratsantrag: Vergrabe deinen Gegenstand für einige Tage in den Boden des Kraftortes und lasse Mutter Natur die Reinigung und Aufladung übernehmen.

Es ist schon toll, so *aufgeladen* durch die Welt zu gehen!

Sieben Fragen an deine Seele

Viele Menschen glauben, sie hätten den einen – einzigen und optimalen Weg für Ihre Zukunft gefunden.

Oft ist das Thema allerdings eher oberflächlich und nicht immer mit dem wahren Wunsch der Seele vereinbar. Ist das, was du über dich denkst passend mit deinem Weg? Können dich deine Wünsche, Ziele und Träume ernst nehmen? Hast du manchmal das Gefühl, du würdest die Leiter immer weiter hinaufsteigen, denkst aber, sie könnte eventuell an der verkehrten Mauer stehen?

Beschäftige dich doch heute einmal, hier an deinem Kraftort, in ganz lockerer Art und Weise mit deiner Seele.

Es folgen sieben Fragen an deine Seele. Da es hier um keinen olympischen Rekord geht, darfst du dir zwischen den Fragen genügend Zeit lassen und die Antworten einfach *entstehen* lassen. Konzentriere dich nicht gleich auf die erste Antwort. Wenn du dir pro Frage mehrere Minuten Zeit lässt, melden sich noch viel spannendere Reaktionen.

Bevor du zur nächsten Frage gehst, entspanne dich an deinem Kraftort. Denke nicht weiter nach und genieße die Natur. Nach zehn Minuten beschäftigst du dich mit der nächsten Frage. Dann wieder einige Minuten Zeit lassen für die Antworten, welche dein Unterbewusstsein sendet. Führe die Übung in diesem Rhythmus weiter fort.

Trage hier alle Antworten ein.

Entspanne dich. Lass dich gehen und sei locker.Atme ein paar mal tief durch und spüre, wie positive Energie von diesem Ort in deinen Körper fließt. Lass es einfach zu.

Bevor du die sieben Fragen beantwortest:

Denke einmal über dein Leben nach

und über die Rolle, die du darin spielst.

Nimm dir soviel Zeit wie du möchtest.

Öffne dich jetzt für neue Blickwinkel und erforsche deine Seele. Sei im Interesse deiner Seele so locker und dennoch so ehrgeizig wie möglich.

1. Frage

Trittst du für das ein, woran du glaubst?

....

....

2. Frage

Berücksichtigst du deine weiblichen und

männlichen Energien in gleichem Maße?

....

....

3. Frage

Was könntest du tun,

um deiner Seele mehr Raum zu geben?

....

....

4. Frage

Was würde deine Seele wirklich beflügeln?

…..

…..

5. Frage

Was noch?

…..

…..

6. Frage

Und was sonst noch? Etwas, worüber du
noch niemals mit jemandem gesprochen hast.

…..

…..

7. Frage

Was könntest du anders machen,

um deine Seele in Zukunft anzusprechen?

…..

…..

Wenn du dir mal diese Übung näher anschaust,

welche Botschaft ist die wichtigste für dich?

Was genau wird dein nächster Schritt sein?

…..

…..

Ein Brief an dich selbst

Gehörst du zu der Generation, welche noch Briefe schreibt? Durch die neuen Medien wird das fast nur noch per WhatsApp, SMS oder Mail erledigt. Eigentlich schade, den so ein handgeschriebener Brief hat doch was. Ich finde, dass mehr Gedanken auf Papier kommen, als durch die kurzen Infos nach Betätigung von Tasten auf dem PC oder Smartphone. Ich bin auch der Meinung, dass man viel tiefer in das Unterbewusstsein vordringt, wenn man die eigenen Gedanken auf Papier schreibt. Kein Druck auf die *Enter* Taste und weg ist die Nachricht. Einen Brief zu schreiben, ist heutzutage schon mit einem Ritual gleichzusetzen.

Und dann geht dieser Brief auch noch an dich selbst. So mit eigener Adresse und eigenem Absender – spannend, nicht wahr? Für dieses Ritual brauchst du an deinem Kraftort ein Blatt Papier, einen Briefumschlag und evtl. eine Briefmarke. Natürlich auch einen Stift.

Was aber schreibt man an sich selbst? Ganz einfach, du schreibst über dich. Genauer gesagt, was du in einem Jahr erledigen möchtest, oder wie weit Du in einem Jahr mit einem Thema bist. Hast du ein Ziel? Möchtest

du dich in einem bestimmten Bereich persönlich verändern? Willst du dich von einem weniger nützlichen Glaubensmuster verabschieden? Mehr Zeit für die Familie, oder mehr Zeit für dich selbst? Wie genau sieht deine Zukunft in einem Jahr aus?

Du schreibst, als wäre es jetzt ein Jahr später. Alles in der *ICH-Form* und immer positiv. Schreibe nicht, das du keine Angst mehr vor dem Thema … hast, sondern wie du es gelöst hast. Schreibe nicht, ich werde mich nicht mehr ärgern, sondern ...ich bin selbstbewusst und stark. Natürlich mit deinen Worten.

Vielleicht fällt dir am Anfang nicht sehr viel ein.

Fange dennoch einfach an und schreibe drauf los. Am einfachsten (hört sich jetzt evtl. komisch für dich an) ist es, wenn du dich erst mal begrüßt. So liegt schon der Stift in deiner Hand und es kommen die ersten Buchstaben auf den Zettel. Und wieso solltest du nicht eine nette Begrüßung an die Person schreiben, die du am besten kennst?!

Nimm dir ruhig Zeit für den Brief. Wenn du mal ins Stocken kommst, dann gehe einfach an deinem Kraftort spazieren. Du glaubst nicht, was dir dein Unterbewusstsein für Informationen sendet.

Bist du fertig, gibt es jetzt verschiedene Möglichkeiten, wie du mit dem Brief weiter verfährst: Du nimmst ihn verschlossen mit nach Hause und legst ihn an einem Ort, wo du ihn ein Jahr später wieder zu dir nimmst. Das ist einfach, aber nicht die schönste Methode. Weitere Möglichkeiten: Du gibst deinen *frankierten* Brief einem Menschen, von dem du sicher weißt, dass er ihn nicht öffnen wird und ihn an einem für dich unbekannten Zeitpunkt in den Briefkasten wirft. Deshalb nicht vergessen, deine Adresse auf den Briefumschlag zu schreiben.

Da du dich ja an einem Kraftort aufhältst, wäre es doch auch sinnvoll, deinen Brief in ein Behältnis zu legen (Dose, etc.) um ihn an einer schönen Stelle in den Boden zu vergraben. Schütze in diesem Falle das Papier, indem du es in eine extra Hülle gibst. Ein Jahr später kommst du wieder an diesen Ort und machst ein neues Ritual daraus. Die Begegnung mit dir von heute und mit dir aus der Vergangenheit, kann echt faszinierend sein!

Vielleicht denkst du, so einen Brief könnte ich auch zu Hause schreiben. Das habe ich natürlich auch gemacht, doch die Energien an einem Kraftplatz ist eine völlig andere. Es kommen viel tiefere Gedanken zu Vorschein.

Umarmungen

Mit diesem Erlebnis wirst du deinen Partner, deine Partnerin spirituell und energetisch neu entdecken. Sucht die richtige Stelle, an der ihr diese Übung machen möchtet. Dann umarmt ihr Euch so, dass ihr in dieser Haltung eine längere Zeit verweilen könnt, ohne sich ständig neu auszurichten zu müssen. Zunächst hört es sich an, als wäre es eine sehr einfache Übung, doch braucht es etwas Überwindung länger als gewohnt in dieser Stellung zu sein.

Die Umarmung sollte mindestens fünfzehn Minuten dauern. Effektiver sind dreißig Minuten. Dabei wird nicht gesprochen oder geflüstert. Lasst alles einfach auf euch wirken. Nach einer Weile werdet Ihr feststellen, dass eure Gedankenwelt sich für einige Zeit verabschieden wird. Interessant wird auch die Erfahrung mit der Atmung sein. Irgendwann werdet ihr merken, dass mal der Eine, mal der Andere den Rhythmus der Atmung des Partners, der Partnerin annehmen wird. Es kann sogar vorkommen, dass ihr energetisch den Boden verlassen werdet. Lasst euch überraschen.

»Oh, ich liebe Umarmungen. Ich wünsche,
ich wäre ein Oktopus, dann könnte ich
10 Leute auf einmal umarmen«.

- Drew Barrymore -

Alles zur richtigen Zeit

Für bestimmte Themen gibt die *Weiße Magie* sogar Wochentage vor. Aus diesem Grunde führen Magier bei zunehmendem Mond Rituale durch, die unterstützend wirken, etwas zu Erweitern. Besonders die Themen, Liebe, Geld und Glück sind dafür gut geeignet. Wenn es dir um Krankheit, Unglück oder Pech geht, solltest du deine Meditationen, Mantras oder Gebete bei abnehmenden Mond ausführen. Abnehmender Mond verkleinert diese Probleme. Zurück zu den Wochentagen. Vielleicht kannst du es dir ja einrichten, am jeweiligen Tag dein Anliegen durchzuführen.

Montag

Mond: Intuition, Familie, Beziehungen, Veränderungen, Spiritualität

Dienstag

Mars: Fördert die Kraft, Hindernisse zu überwinden und hilft bei schnellen Entscheidungen.

Mittwoch

Merkur: Der Tag für Kommunikation und Überzeugungskraft.

Donnerstag

Jupiter: Finanzieller Tag. Wohlstand durch Glücksfälle. Hilfe bei akutem Geldmangel und Gerechtigkeit.

Freitag

Venus: Magie der Liebe, Liebesrituale, Harmonie, Freude, Leidenschaft, Vergnügen, Romantik.

Samstag

Saturn: Hilfreich, um sich von Menschen, die Energiefresser sind und schlechten Angewohnheiten zu verabschieden. Gut für Ausdauer um gute Ziele bis zum Ende zu verfolgen.

Sonntag

Sonne: Selbstbewusstsein, Gesundheit, Geld, Vitalität.

Ohne Barrieren

Diese Meditation unterstützt dich, deine inneren Barrieren gehen zu lassen. Auch hier suchst du dir den richtigen Platz an deinem Kraftort. Lies die Meditation vorher in aller Ruhe durch. Dann gehst du in deiner Art und Weise in den wunderbaren Zustand der Entspannung.

- - - - -

Atme tief ein und mit jedem Ausatmen entspannst du deinen Körper mehr und mehr...

Stell dir vor deinem inneren Auge ein großes Tor vor. Dieses Tor ist der Eingang in dein Unterbewusstsein. Begrüße dein Unterbewusstsein mit Freude und Liebe und frage es nach Hilfe und Zusammenarbeit.

Dein Unterbewusstsein ist sehr viel stärker und mächtiger als du denkst. Wenn du es zu deinem Verbündeten machst, gibt es dir sehr viel Macht.

Verbinde dich mit ihm, frage es, ob es dir dabei hilft, deine Themen zu lösen. Du musst die Themen nicht genau kennen. Du wirst allerdings mit starken Bildern arbeiten.

Öffne jetzt die Tür zu deinem Unterbewusstsein. Vielleicht ist es dort noch dunkel im Inneren, doch wenn du sie öffnest, wird nach und nach mehr Licht durchscheinen. Nach einer kleinen Weile kannst du dort einen großen Eisblock sehen. Er steht für die Hindernisse, welche dir Grenzen setzen.

Jetzt friert dieser Eisblock alle deine negativen Themen in sich ein. Nach einer kurzen Zeit, bemerkst du, wie der Eisblock schmilzt. Sage dir: *Wie die Sonne und das Licht den Eisblock jetzt schmelzen, so schmelzen meine negativen Themen, welche in diesem Eisblock sind. Es gibt keine Grenzen mehr, die mich einschränken.*

Konzentriere dich darauf, wie der Eisblock zu schmelzen beginnt.. Schau hin, wie sich jetzt aus diesem Eisblock eine Pfütze bildet. Diese Pfütze wird zu Wasserdampf und steigt zur Sonne empor. Auf dem Weg dahin, löst sich alles auf.

Gehe wieder zu deinem Tor ins Unterbewusstsein und schließe von außen die Tür. Bedanke dich und komme wieder hier an deinen Kraftort zurück. Spüre den Boden unter dir und strecke deine Arme in den Himmel.

Mein Freund der Baum

Ein kleiner Kontakt mit deinem Freund

...dem Baum

Achte an deinem Kraftort einfach auf dein Gefühl und suche dir intuitiv den Baum aus, der in diesem Moment deine Aufmerksamkeit anzieht. Fühle, ob du sagen kannst: *Das ist der richtige Baum für mich* Gehe zu dem Baum und lehne dich an ihn. Du kannst ihn natürlich auch umarmen. Bleibe ein paar Minuten so stehen und nimm die Kraft und die Energie des Baumes in dich auf.

Wenn du dann die beruhigende Wirkung des Baumes spürst, schließe deine Augen und genieße die Ruhe. Nach kurzer Zeit formulierst du innerlich die Absicht, negative Energien von dir abzuleiten um dich in dein inneres Gleichgewicht zu bringen.

Bitte das Baumwesen, dir zu helfen, momentane Stressenergien zu beseitigen und abfließen zu lassen. Du wirst genau wissen, wann es soweit ist. Stelle dir einfach vor, wie sich deine negativen Energien bis hinunter zu den Wurzeln und noch weiter in die Erde hinein ausdehnen. So, als ob die Wurzeln des Baumes zu deinen eigenen Wurzeln werden.

Jetzt stelle dir vor, dass die gesamte Stressenergie in die Erde abfließt. Die Erde nimmt dir die negative Energie ab und transformiert sie. Sei ganz locker, Du selbst brauchst nichts zu tun. Lasse alles über die Wurzeln des Baumes abfließen. So wie der Baum über die Wurzeln Nährstoffe aufnimmt, so kannst du dir vorstellen, dass du über die Wurzeln positive Energien des Kraftortes in dich aufnimmst. Lass es solange zu, bis du dich wohl fühlst.

Bedanke dich beim Baumwesen für die Hilfe und Unterstützung. Beende dieses Ritual, indem du dich von dem Baum verabschiedest.

Es wäre gut für dich, wenn du dieses Ritual öfter durchführen würdest. Immer wenn du an einer kraftvollen Stelle bist, suchst du dir einen entsprechenden Baum, der dich *anspricht*. Du wirst erleben, dass dieses einfache Ritual eine starke positive Auswirkung auf dein Befinden und dein Energiefeld haben wird.

Begegnungen

Deine Gedanken leiten dich und deine Gefühle treiben dich an. Oft meldet sich dein Gewissen – auch wenn es besser manchmal schweigen sollte. Wenn du dich mit deinem mentalen Innenleben mal anders auseinandersetzt, machst du dabei überraschende und spannende Entdeckungen. Zusammenhänge, welche dir vorher nicht bewusst waren, wirst du jetzt besser erkennen.

In den Begegnungen, welche du hier haben wirst, setzt du dich mit deinen Themen auf einer symbolischen Ebene auseinander. In unserer kindlichen Imagination konnten Bäume zu Lebewesen werden, oder Naturgeister plötzlich hinter einem Baum hervor hüpfen. Gestatte ihnen und anderen, es wieder zu tun.

Du suchst dir einen schönen Platz an diesem kraftvollen Ort aus. Lass dich völlig von der Energie der Natur an dieser Stelle umgeben. Werde mit dem Ort eins. Stelle dir vor, dass dir jetzt ein Wesen, ein Tier, oder ein Verstorbener, den du gut kanntest, hier erscheint und sich neben dich setzt. Gib deinem Ratio Urlaub und lasse dich auf die Energie dieser Begegnung ein.

Natürlich kannst du diese Begegnungen auch mit geschlossenen Augen erleben. Begrüße das Wesen oder die Person und freue dich auf ein interessantes und vielleicht sogar spannendes Gespräch. Frage doch einfach, warum gerade...... zu dir gekommen ist. Unterhalte dich so, als wenn du mit einem Freund, einer Freundin reden würdest. Stelle alle möglichen Fragen und sei auf die Antworten gespannt. Hier einige Tipps, für Fragen, die du stellen kannst:

Kannst du mir einen Hinweis geben, warum ich.....?

Was könnte ich tun, um .....?

Wovor, glaubst du, habe ich Angst .....?

Was könnte ich von dir lernen .....?

Wie würdest du an meiner Stelle .....?

Oder du unterhältst dich einfach so, ohne in die Inhalte von Themen deines Lebens zu gehen. Vielleicht denkst du jetzt, was soll das, sich mit jemanden zu unterhalten, der körperlich nicht da ist. Dein Unterbewusstsein bekommt bei dieser Art von Begegnung einen anderen Blick und gewinnt neue Einsichten.

Bei meinen Begegnungen habe ich viel über mich erfahren. Mein schönstes Gespräch hatte ich mit einem Adler. Der sagte mir: *Denke immer über die Grenzen hinaus, denn am weitesten sieht, wer am höchsten fliegt.* Seitdem denke ich immer über Grenzen, die ich mir früher selbst gesetzt habe – weit hinaus. Später fand ich heraus, dass dieser Satz sogar von einer Möwe stammt, der Möwe Jonathan. Sie muss den Adler wohl mal getroffen haben....

Waldbaden

Waldbaden – das hört sich nach Erholung und Abschalten an. Und das ist es auch. Es handelt sich um eine besondere Therapieform aus Japan. Welchen Einfluss der Wald auf den menschlichen Körper und damit auf sein Wohlbefinden hat, dem ist die Wissenschaft seit gar nicht so langer Zeit auf der Spur.

Und je mehr sie herausfindet, desto erstaunlicher entdeckt sie die heilenden Eigenschaften.

Waldbaden gibt es seit 1982 und ist eine anerkannte Tradition aus Japan. Dort gehört es sogar zur staatlichen Gesundheitsvorsorge. Waldbaden ist sehr leicht anzuwenden und umzusetzen. Es geht darum, zu entschleunigen und über seine Sinne in den Moment zu kommen. Sozusagen dem Gedankenhamsterrad einfach mal Pause zu geben.

Ziel ist es, dass du dich in diesem Augenblick nicht nur im körperlichen, sondern auch im geistigen Zustand befindest. Du gehst in einen Park, auf eine Wiese oder nutzt diese Therapieform an deinem Kraftort. Dort verlangsamst du deine eigene Schritt-Geschwindigkeit.Wenn du glaubst, du wirst langsamer, dann bist du immer noch zu schnell. Nimm noch mehr

Geschwindigkeit heraus, soviel dass du es kaum noch aushalten kannst. Das könnte am Anfang noch schwierig erscheinen, weil du gelernt hast immer schnellen Schrittes deine Dinge zu erledigen.Wenn du dich sozusagen im Schneckentempo bewegst, nimm all deine Sinne mit, um die Achtsamkeit zu spüren. Schau dich genau um und achte darauf, wo du dich befindest, was es zu entdecken, riechen, hören und zu schmecken gibt.

Du kannst auch Barfuß gehen und mal wieder in der Erde buddeln wie du es als Kind gemacht hast.

Mit deinem Körper und Geist geschieht beim Waldbaden etwas Wunderbares: Dein Immunsystem wird aktiviert, dein Hormonsystem nimmt die Energien des Waldes auf. Stresshormone und Adrenalin werden reduziert und dein Wohlfühlhormon Serotonin steigt an.

Dies wurde gemessen und ist auch belegt.

Probiere es einfach mal aus. Wenn du es richtig nutzen willst, solltest du ca. zwei Stunden das Waldbaden durchführen. Um es nur mal kurz zu erfahren, beschäftige dich mindestens eine Stunde damit.

Lass Deine Seele im Wald einfach BAUMeln.

Vom Holzfäller der keine Zeit hatte

Ein Mann geht im Wald spazieren. Nach einer Weile sieht er einen Holzfäller, der hastig und sehr angestrengt dabei ist, einen auf dem Boden liegenden Baumstamm zu zerteilen. Er stöhnt und schwitzt und scheint viel Mühe mit seiner Arbeit zu haben. Der Spaziergänger geht etwas näher heran, um zu sehen warum die Arbeit so schwer ist. Schnell erkennt er den Grund und sagt zu dem Holzfäller: »Guten Tag, ich sehe, dass sie sich ihre Arbeit unnötig schwer machen. Ihre Säge ist ja ganz stumpf, warum schärfen sie die denn nicht?« Der Holzfäller schaut nicht einmal hoch, sondern zischt durch die Zähne: «Dazu habe ich keine Zeit, ich muss doch sägen!«

Manchmal sind wir doch auch alle »Holzfäller« - oder? Wenn wir vor lauter Arbeit und andere Tätigkeiten oft vergessen, dass uns der Magen knurrt, die Blase drückt, die Schulter total verspannt ist, unsere Konzentration sich schon lange verabschiedet hat....

Wir machen aber trotzdem weiter, wie in einem Hamsterrad. Wir geben uns dafür der Illusion hin, ein Verzicht auf eine Pause oder sogar Regeneration würde uns sehr hilfreich und nützlich sein, dass wir lieber damit beschäftigt sind, unser Vorhaben zu Ende zu bringen. Natürlich... zu Ende bringen schafft man vielleicht, doch ob dann das Ergebnis wirklich gut und zufriedenstellend ist? Wir vergessen in diesem Moment auch, welchen Preis wir dafür bezahlen.

Gib deinem Körper und Geist die Möglichkeit immer mal wieder eine Pause. Sei achtsam, bei dem was du gerade unternimmst und die Chancen stehen gut, dass du schneller, effektiver und gesünder an dein Ziel kommst. Siehe auch auf Seite 82 »Wenn du es eilig hast...«

Und noch nebenher als Anmerkung:

Es kommt nicht so sehr auf die Dauer der Pause an, sondern auf die Qualität, in der du sie verbringst. Mach die Pause nicht einfach so nebenher, auch wieder schnell, schnell. Mache sie ganz bewusst, achtsam und mit allen Sinnen. Am intensivsten regenerierst du dich an einem Kraftplatz, dieser ist vielleicht schon auf einer Parkbank nebenan im Park!?

Deine Säge zu schärfen kann doch so einfach sein.

„ Wenn der Mensch zur Ruhe
gekommen ist, dann wirkt er."

- Francesco Petrarca -

Kraftorte in der Wohnung

In deiner Wohnung kannst du Kraftorte schaffen, indem du bestimmte Plätze gezielt für Entspannung und Ruhe einrichtest. Das können zum Beispiel Meditationsplätze, Fensterbänke oder Terrassen sein, die du mit deinen Lieblingsgegenständen und -farben gestalten kannst. Wichtig ist, dass du dich an diesen Orten wohlfühlst und positive Gefühle verbindest.

Wie du einen Kraftort in deiner Wohnung schaffst:

Intuition und Empfindungen

Schließe die Augen und lausche deinem Herzen. Wo fühlst es sich gut an, sich aufzuhalten und zu entspannen.

Funktion und Bedürfnisse

Überlege, welche Aktivitäten du an diesem Ort durchführen möchtest. (Meditation, Lesen, Tagebuch schreiben) und wie du den Raum gestalten möchtest, um diese Funktion zu erfüllen.

Persönliche Gestaltung

Richte den Kraftort nach deinen Wünschen und Bedürfnissen ein, mit Gegenständen, die dich beruhigen und positive Gefühle auslösen.

Farben spielen hierbei auch eine wichtige Rolle Beispielsweise Grün für Wachstum oder Blau für Entspannung.

Alltagsstress ausblenden

Sorge dafür, dass der Kraftort keinem alltagsbedingtem Stress unterliegt, damit du dort ungestört entspannen kannst.

Zugänglichkeit

Wähle einen Ort, den du leicht und oft erreichen kannst, damit du ihn regelmäßig besuchen und auftanken   kannst.

Beispiele für Kraftorte in der Wohnung:

Meditationsplatz: Ein ruhiger Platz mit einer Matte, Kissen, Kerzen und evtl. einer schönen Aussicht.

Fensterbank: Ein Ort, an dem du mit einem Buch oder einem Getränk die Sonne genießen kannst.

Terrasse: Ein Platz im Freien, wo du die Natur spüren und entspannen kannst.

Sessel im Wohnzimmer: Ein gemütlicher Ort zum Lesen, Musik hören oder einfach nur zum Abschalten

Ecke im Schlafzimmer: Ein ruhiger Platz zum Meditieren oder Entspannen vor dem Schlafengehen.

Schreibtisch: Ein Arbeitsplatz, der dich inspiriert und dir hilft, konzentriert zu sein, wenn du ihn entsprechend einrichtest.

Indem du deine Wohnung gezielt als Kraftort gestaltest, kannst du einen Ort der Ruhe und Inspiration schaffen, der dir hilft, dich zu entspannen und Kraft zu tanken.

Energetische Reinigung

Vor der Einrichtung und Gestaltung des Kraftplatzes kommt die energetische Reinigung. Ziel ist es, die Schwingung des Ortes und damit die Kraft zu erhöhen. Dazu gehört das Putzen und Räuchern. In das Putzwasser kannst du etwas ätherisches Öl geben, z.B. Rose oder Lavendel. Zum Räuchern eignet sich wunderbar Weihrauch oder Räucherstäbchen Eine

Reinigung von negativen Energien kann auch mit Klang, z.B. durch den regelmäßigen Anschlag einer Klangschale erfolgen. Grundsätzlich sollten wir alles, was wir für den Kraftplatz gebrauchen, vorher energetisch reinigen.

Nutzung und Wirkung des Kraftplatzes

Durch regelmäßige Nutzung, Rituale und Meditation laden wir diesen Ort mit kraftvoller Energie auf – er wird zum Kraftort. Nach einiger Zeit genügt schon der Gedanke an ihn, um zu entspannen und Kraft zu tanken. Aber auch das Meditieren und zur Ruhe kommen fällt uns mit der Zeit immer leichter an diesem Platz.

Ein persönlicher Kraftplatz zuhause macht das Leben einfacher. Er hilft uns, immer wieder in unsere Mitte zu kommen und Energie zu tanken. Empfehlenswert ist eine energetische Reinigung des Platzes. Eine schöne Gestaltung mit persönlichen und spirituellen Gegenständen trägt maßgeblich zum Wohlfühlen und damit zur regelmäßigen Nutzung des Ortes bei.

Es spricht so vieles für (d)einen Kraftort

Ich möchte dich am Ende des Buches nochmal inspirieren, öfters (d)einen Kraftort, Kraftplatz zu besuchen. Suche nach der Quelle der eigenen Kraft, bzw. Energie in der Natur.

> Was macht dich lebendig?

> Wovon wirst du inspiriert?

> Woraus schöpfst du Energie, um weiterzugehen und deine Wünsche und Ziele zu erreichen?

Manchmal wissen wir selbst nicht, was uns Kraft und Freude im Leben schenkt. Dabei kann uns die Natur so hilfreich sein.

In der Natur kannst du viele Plätze und Gegenstände finden, die den Weg zu deiner individuellen Lebenskraft aufdecken.

Geh also entspannt in die Natur hinaus und achte darauf, was auf dich besonders gut wirkt und die Antrieb gibt.

Finde heraus, an welchen Ort
du dich wohl und lebendig fühlst.

Schau dich um und überlege, was dich an diesem Ort an stärksten anzieht. Wo fühlst du dich besonders lebendig und voller Energie?

Es könnte zum Beispiel der Himmel sein, der dir die Augen für eine größere Perspektive öffnet. Brauchst du Wasser oder mehr Bäume um dich herum oder eher einen Freiraum? Wirst du belebt durch die Stille der Natur oder durch die Gefühle ihrer Geräusche?

Versuche deinen Ort mit allen Sinnen zu erfassen und zu erforschen. Was sagt dir die Natur? Hör einfach nur hin – sie hat dir viel zu erzählen.

Was kann dich an deinen Kraftort erinnern?

Zum Schluss könntest du ein Bild von deinem Kraftort machen oder sogar zeichnen und zuhause aufhängen. Du könntest auch einen Gegenstand als Erinnerung an deine Kraftquelle mitnehmen. Du kannst dir ein Ritual überlegen, was dich zurück an diesen Ort bringt, wenn du Kraft und Energie brauchst.

Besuche deinen Kraftort immer wieder

Besuche deinen Kraftort so oft wie möglich und erlebe ihn zu jeder Jahreszeit. Solltest du nicht in der Lage sein, physisch zu deinem Ort zu gehen, kannst du ihn auch in Gedanken besuchen.

AUTOR

Georg Löser war viele Jahre als Unternehmensberater in der Freizeitbranche tätig. Seit 1995 widmet er sich den Bereichen Persönlichkeitsentwicklung, Reflexion, Selbstfindung und Neuausrichtung. In seiner Arbeit verbindet er ganz unterschiedliche Wege aus der alternativen Psychotherapie und Spiritualität. Er hat es sich zur Aufgabe gemacht, Menschen zu unterstützen an ihre verborgenen Fähigkeiten zu gelangen um authentisch ihren Lebensweg gehen zu können.

www.meinkraftort.org

SO ENTDECKST DU DEIN WAHRES ICH

Der Fünfzig-Minuten-Kompass

Er gibt Dir Orientierung Deine Fähigkeiten, Kräfte, Energien, Wünsche und die eigene Authentizität wachsen zu lassen.

1 Seite   1 Thema   1 Woche

Dieser Kompass nutzt die Macht der Gewohnheit und fördert diese in eine positive, aufbauende Richtung. Die Methode ist sehr wirksam und leicht umzusetzen.

1 kleines Arbeitsbuch mit großer Wirkung

ISBN 978-3819287671

DIE BENJAMIN-FRANKLIN-METHODE

Wie persönliche Veränderung wirklich gelingt

Benjamin Franklin war ein nordamerikanischer Erfinder, Schriftsteller und Staatsmann. Um seine persönlichen Schwachstellen umzuwandeln, stellte er dreizehn Lebensregeln auf, die er als wichtig erachtete und Woche für Woche befolgte. So konnte er binnen dreizehn Wochen seine Liste durchgehen und sie viermal im Jahr befolgen. Diese Methode lässt sich besonders gut in die heutige Zeit integrieren. Sie bietet die Möglichkeit sich ständig zu verbessern und sein eigenes Ich zu leben. Tipps, Innovationen und Motivation für die eigenen Lebensregeln.

ISBN 978.3759775603

DER ZAUBERSPIEGEL

Möglichkeiten Dir neu zu begegnen

Im Einklang mit sich selbst und der Umwelt zu sein, ist die größte Sehnsucht der Menschen. Vielleicht spürst du, dass in dir noch viele unerforschte Geheimnisse darauf warten, entdeckt zu werden.

Ein Buch mit vielen Übungen, Metaphern und Motivation.

ISBN 978-3759713520

KOMMUNIKATION

ZWISCHEN DEN ZEILEN

Warum wir uns oft nicht verstehen

Was tun, wenn Gesagtes missverstanden wird, wenn der eigentliche Gedanke vom anderen völlig falsch interpretiert wird? So kann man miteinander kommunizieren, sollte man aber nicht. Kennst du Situationen, in denen du am liebsten jemand gegen das Schienbein treten würdest, weil du zwar mit einer Person redest, er/sie deine Bedürfnisse jedoch nicht versteht und dich damit zur Weißglut bringt? Sich gut zu verstehen ist eine wunderbare Erfahrung, die nicht immer so einfach gelingt

ISBN 978-3758329685

KLAUSUR MIT DIR SELBST

Ungewöhnliche Fragen und Blickwinkel
auf die momentane Lebenssituation

Wenn man herausfinden möchte, was man wirklich im Leben will und sich mal Zeit für neue Blickwinkel der momentanen Lebenssituation nehmen kann, sollte man sich unbedingt eine kleine Auszeit gönnen und sich einige Tage aus dem Hamsterrad des Alltags verabschieden.

Das Buch gibt ungewohnte Aufgaben und Fragen, welche bisherige angewöhnte Denkmuster durchbrechen und viel Raum für neue Perspektiven ermöglicht.

ISBN 978-3755766452

WILLKOMMEN IM ZAUBERWALD

Geschichten, Metaphern und Lösungsansätze für die
Herausforderungen des Lebens

Geschichten, Metaphern und Fabeln sind faszinierend,
abenteuerlich und lehrreich. Es gerät immer jemand in
eine spannende Situation, die er auf irgendeine Art
bewältigt und löst, oder in denen er versagt. Während der
Leser die Geschichte liest, überprüft das Unterbewusstsein
alle Informationen auf Ähnlichkeiten mit eigenen
Erfahrungen und geben ihnen einen individuellen Sinn.
Ein besinnliches, heiteres und spannendes Buch zur
Unterhaltung und Lösungsfindungen.

ISBN 978-3907246108

DAS KLEINE BUCH
DER FANTASIEREISEN

Magische Orte der inneren Wahrnehmungen

Hypnotische Fantasiereisen kannst du nutzen, um zu entspannen, Ereignisse zu erleben, Situationen neu zu bewerten, Kraft zu tanken, sich selbst nahe zu sein. Während der Reise kannst du Dinge erleben, die du schon immer einmal machen wolltest. Du kannst dich innerhalb des Erzählmusters, frei gestalten und hast die Möglichkeit mit den gegebenen Fähigkeiten Potenziale für dich und dein Leben zu entdecken.

ISBN 978-3755784395

AMBROSIUS

DER WEISE MANN VOM ALATSEE

Ungewöhnliche Begegnung an einem Kraftort

Valentin besucht dieses Jahr das Allgäu, weil er seine jährliche Klausur durchführen möchte. Diese wird allerdings völlig anders als er dachte. Am Alatsee, einem mystischen Kraftort, begegnet er Ambrosius, den man auch den weisen Mann nennt. Dieser ermöglicht ihm durch außergewöhnliche Aufgaben in sieben Stationen einen völlig anderen Blickwinkel auf sein Leben. Eine außergewöhnliche Begegnung mit einer imaginären Romanfigur, welche auch an jedem anderen Ort in der Natur stattfinden kann.

ISBN   978-3754311691